정년 없는 노인의 성性

정년 없는 노인의 성性

초판 1쇄 인쇄 2014년 09월 17일
초판 1쇄 발행 2014년 09월 24일

지은이	강 성 자			
펴낸이	손 형 국			
펴낸곳	(주)북랩			
편집인	선일영	편집	이소현, 이윤채, 김아름, 이탄석
디자인	이현수, 신혜림, 김루리	제작	박기성, 황동현, 구성우
마케팅	김회란, 이희정			
출판등록	2004. 12. 1(제2012-000051호)			
주소	서울시 금천구 가산디지털 1로 168, 우림라이온스밸리 B동 B113, 114호			
홈페이지	www.book.co.kr			
전화번호	(02)2026-5777	팩스	(02)2026-5747	

ISBN   979-11-5585-362-7 13330(종이책)
        979-11-5585-363-4 15330(전자책)

이 책의 판권은 지은이와 (주)북랩에 있습니다.
내용의 일부와 전부를 무단 전재하거나 복제를 금합니다.

이 도서의 국립중앙도서관 출판예정도서목록(CIP)은 서지정보유통지원시스템 홈페이지(http://seoji.nl.go.kr)와
국가자료공동목록시스템(http://www.nl.go.kr/kolisnet)에서 이용하실 수 있습니다.
(CIP제어번호 : CIP2014026968)

노인들의 성생활 실태와 성의식에 관한 전망

정년 없는 노인의 성 性

강성자 지음

북랩 book Lab

정년 없는 노인의 성 - 출판 축하의 글

김성철 교수(백석대보건복지대학원장)

현 인천시 노인정책자문위원장
현 한국종합사회복지관협회 자문위원
현 보건복지부 사회복지기관 평가위원
현 한국평화사회복지연구소장
현 백석대학교 보건복지대학원장

현대의학의 발달로 노년기간의 연장은 노인의 소득보장, 노인의 의료보장, 노인 여가 및 사회활동보장, 노인의 성 문제 등 다양한 노인의 권리를 주장하고 있다. 그 중에서도 특히 노인의 성 문제는 외로움과 고독의 수준을 넘어 삶의 질을 향상시키는 영역으로 확대되고 있다.

인간의 기본적인 욕구인 성욕은 태어날 때부터 시작하여 숨을 거둘 때까지 변함이 없고, 성은 정년이 없는 것이다. 단지 노화현상으로 변화는 있지만 어느 시기가 되면 정력이 고갈되는 유한적인 것은 아니다.

그럼에도 불구하고 사회는 젊음을 지향하는 문화를 너무 강조하고 있으며 노인의 성에 대해서는 관심이 부족하거나 잘못된 편견이 만연해 있는 현실이다. 노인의 성에 대한 부정적인 사회 분위기는 노인의 성에 대한 폐쇄성으로 나타나, 노인의 성 매춘과 노인의 성 질환 증가라는 문제를 야기하고 있다고 본다.

모든 인간의 염원은 생명연장 측면에서의 장수가 아니라 신체적, 심리적, 사회적으로 건강한 삶을 추구하는 것이므로 노인의 성에 대한 올바른 인식과 지식을 통하여 노인의 성을 이해하는 것이 중요하다. 따라서 노년기 삶의 질을 향상시키기 위해서는 개인적인 노력도 중요하지만, 사회적인 노력도 중요하다. 사회적으로 노인의 성 문제를 해결하기 위해서는 경제적인 능력이 있는 성인의 태도 변화가 중요하다고 할 수 있다.

생물학적으로 노인이 되면 기력이 쇠퇴하기 때문에 젊었을 때와 같은 성욕은 당연히 감소하고 아예 존재하지 않는 것으로 생각해왔다. 그래서 노인의 '성' 문제는 사회에서 소외되었고 그 문제에 관심을 가질 이유도, 해결책을 모색해야 할 당위성도 부재하여 노인의 '성' 문제는 그동안 암묵적으로 존재해왔지만, 감히 드러낼 수 없었던 사회적 현상의 외곽이 되었다.

　노인의 성적 기능, 성 행동에 대한 경험적 연구는 노인들 역시 성에 대한 기본적 욕구를 가진 존재임을 밝히고 있다. 그럼에도 우리의 현실은 여전히 노인을 탈 성적인 존재로 단정해버리는 편견이 강하다. 즉, 대부분의 경우 노인에게 성적인 욕구는 존재하지 않는 것으로 여기거나 설령 노인의 성적 욕구를 인정한다고 하더라도 그 욕구 충족의 중요성을 간과하거나 무시하는 경향이 강하다. 이 때문에 노인은 자신의 성적 욕구를 자연스럽게 표현하지 못하고 사회적으로 강제된 금욕으로 자신 스스로를 제약하고 있다. 중요한 문제는 노인의 성에 대한 여러 가지 편견이 '사회적으로 존재한다'라는 식으로 현상의 단순한 감성적 확인이 아니라 오히려, 노인의 성에 대한 편견이 사회성원에 내재화되고 부정적 사회심리로 구조화되는 과정에 대한 편견이라는 개념의 기본적인 의미를 확인할 필요가 있다. 노인은 무성적이고, 정력이 부족하고, 힘이 없는 사람으로 고정 관념화시키는 경향은 서구에서도 예외는 아니어서 노인에 대한 고정적인 생각이 고착된 것은 지난 반세기 동안 서구에서 지배적 현상이었다.고독감은 인간 누구나가 일상생활에서 흔히 경험하는 감정이다. 고독감은 여러 의미 있는 관계들의 단절로 유발되는데 통상적으로 고독감에 대한 정의를 보면, 첫째가 '한 개인이 원하는 사회적 관계와 그가 성취한 사회적 관계 간의 차이에서 유발된 부정적인 정서 상태'로 보는 견해이며, 둘째로는 현재의 사회적 관계가 자신이 원하는 만큼 원만하지 못할 때 나타나는 현상으로 보는 견해가 있다. 오늘날 젊은이 지향적인 사회에서 수입과 신체기능의 저하는 상실감, 고립감, 우울, 비애, 죄의식, 무력감을 유발시키고 결국에는 고독감을 유발시켜 죽음에까지 이르게 되는 것이다. 현대 사회의 가족 구성원들은 각기 개인적 생활공간 및 생활체를 확립하고 있으며 개별화된 사회활동이 증가됨에 따라 가족 공동의 생활시간은 단축되고 있으며, 노인을 경시하고 아동을 더욱 중요시하는 사회의 경향으로 노인의 가치하락 현상이 두드러져서 노인들로 하여금 소외와 고독감을 느끼도록 만들고 있다. 고독감은 산업화된 국가의 노인들이 직면하는 문제 중의 하나로 우리나라에서도 고독감은 빈곤 및 질병과 함께 커다란 문제로 인식되고 있다. 이와 같이 고독감이 노인들에게 신체적, 정신적으로 부정적인 영향을 미치는 정서 상태임을 감안할 때 이를 완화하기 위한, 노인을 위한 여러 가지 중재개발이 필요한 것으로 보인다. 지속적인 생활수준 향상과 보건, 의료기술의 발달과 함께 노인인구가 빠르게 늘어나고 있다. 고독감은 모든 연령층뿐만 아니라 노인에게 있어 일상적인 정서문제로써 건강에 중요한 변수로 작용할 수 있음을 볼 때 이에 대한 연구가 절실히 요청된다. 노년기의 고독감은 젊은 시절의 고독감과는 다른 이질적으로 보다 깊은 것이 있다. 따라서 나이가 들면서 고독감은 그러한 상황이 되지 않고는 모를 정도라고 할 수 있다. 노인의 성적 활동은 이와 같은 고독감이 성적욕구와 관련하여 결혼으로의 지향을 강하게 하는 것으로 고독감의 유무와 성적욕구의 유무 간의 차이가 있다. 노인의 고독감은 노년기를 맞이해서가 아니라 배우자를 상실하거나 오랜 친구의 죽음 등으로 위기의 상황에 놓이게 되면 깊은 고독감에 빠진다고 한다.

 더구나 그 고독감의 깊이는 치매로 전이되거나 죽음으로까지 갈 수 있다고 본다면 노년기의 고독감은 젊은 시절에 느끼는 고독감과는 달리 보다 심리적인 영향이 크다고 볼 수 있다. 따라서 노인의 성적 행동은 이와 같은 고독감에 대한 두려움과 그것에서 도망치려는 동기가 자주 나타나는 것이라고 한다. 또한 남성과 여성의 차이에 관계없이 정도의 차이는 있으나 고독감과 성적 욕구는 어느 쪽이든지 있다고 말하는 사람이 많다. 그러므로 노인들이 차를 마실 수 있는 이성 친구를 찾는 것이나 나이가 들어서 결혼을 하는 것이나, 혹은 자신을 돌봐주는 여자들에게 성적인 호기심을 갖는다 해도 거기에는 단순한 성적 충동이나 호색적인 흥미라고 볼 수만은 없다. 오히려 이러한 행동 속에는 깊은 고독감을 회피하거나 고독감에서 해방될 수 있다는 노인의 진실한 동기가 내포된 경우가 적지 않다고 볼 수 있다.

인간은 성적인 존재라고 본다. 성이란 기본 욕구이며 생활 사건과 분리될 수 없는 인간의 한 국면이다. 그것은 인간의 사고, 행동 및 상호 관계에 영향을 미치며 신체적, 정신적 건강과 관련이 있다. 오늘날 많은 사람들이 성에 대해 더욱 폭넓은 태도와 가치를 가지기 시작했으며, 건강한 성 생활이 인간의 건강을 위해 필수적이라는 인식을 가지게 됨에 따라 성 상담의 중요성은 커지고 있다.

그동안 노년기의 성은 매우 등한시되어 온 주제였다. 노인에 대한 교육이나 상담 시에 신체적 질병, 정서적 변화, 사회적 문제 등은 상세히 다루어져 오고 관심을 받아 온 것에 비하면 성적인 문제는 거의 무시되어 온 것으로 볼 수 있다.

이러한 성에 대한 인식부족은 오늘날 노인이 우리나라에서 사회적으로나 문화적으로 외면당하고 괄시받고 있는 현실과도 깊은 관련이 있다고 본다.

  오늘날 노령기를 맞고 있는 노인들은 생활환경 개선과 의료기술의 발달, 개인위생에 대한 관심도 증가와 다양한 건강정보 등으로 인해 건강한 노인인구가 증가하게 되었다. 아울러 노인 당사자와 사회가 전반적으로 '노인의 성' 생활에 대한 관심도가 높아지게 되었다. 따라서 성기능 장애에 대한 치유법이나 약품 등이 개발되어 성 기능 회복으로 더 이상 '노인의 성' 문제를 방치할 수 없는 현실문제로 대두되고 있는 것이다. 이제 노인의 성 문화는 공개적으로 논의되고 사회적인 관심 속에서 이루어져야 한다.

  노인의 성과 관련된 문제는 노인 개인이나 가정에서 해결하도록 떠넘겨질 뿐 아니라 사회적인 지원을 할 수 있는 제도 마련 자체를 어렵게 한다. 이러한 어려운 현실 속에서 본서의 저자는 늘 미래를 준비하며 우리에게 희망과 꿈을 주어 왔다. 그 희망과 꿈이 〈정년 없는 노인의 성〉이라는 책으로 고령화 시대 아픔의 현장을 비전과 꿈으로 바꾸어 놓을 것이다.

귀한 책을 출판하게 된 것을 진심으로 축하드리며, 본서를 통해 이 땅의 노인들에게 희망을 주어 독자들에게 미래를 준비하게 하는 아름다운 지침서가 되기를 기원한다.

정년 없는 노인의 성 - 출판 축하의 글 _ 4

제1장 '노인의 성'에 대한 인식 변화

1. 고령화 사회 _ 20
2. 통계로 보는 '노인의 성' _ 22
   1) 통계로 보는 노인 성생활의 실태 _ 22
   2) 여러 설문조사의 시사점 _ 25
3. '노인의 성'에 대한 사회적 인식 _ 27
   1) 노인의 성에 대한 전통적인 인식 _ 27
   2) '노인의 성'에 대한 새로운 시각 _ 28
4. 노인 스스로가 찾는 '성의 행복' _ 30
   1) 성본능과 노화 _ 30
   2) 노인의 성생활이 삶의 질을 높인다 _ 31
   3) '성의 기쁨'을 스스로 찾으려는 노인들의 움직임 _ 32
   4) 꽃할배와 꽃할매의 황혼 로맨스 _ 34

제2장 성을 통해 노년기의 삶을 업그레이드하라

1. 노화, 몸과 정신의 변화 _ 39
   1) 노화를 설명하는 이론 _ 39
   2) 신체적 노화 _ 40
   3) 인지적 노화 _ 41
   4) 심리사회적 변화 _ 41

2. 성기능의 변화 _ 43
   1) 남성의 변화 _ 43
   2) 여성의 변화 _ 46
3. 성관계는 몇 살까지 가능한가? _ 48
   1) 영화 속 칠순 노인의 성행위 _ 48
   2) 성생활에는 정년이 없다 _ 49
4. 노인 성생활의 애로사항 _ 51
   1) 생물학적 변화 _ 51
   2) 건강 상태 _ 51
   3) 성에 대한 남녀의 생각 차이 _ 52
5. 부부간의 성 문제, 대화가 답! _ 54
6. 노년기 성생활의 팁 _ 56
7. 노년기 성관계의 장점 _ 59

제3장 음지에 놓인 '노인의 성'

1. 노인 성범죄의 심각성 증가 _ 65
2. 노인의 성이 위험하다 _ 66
   1) 성매매 _ 66
   2) 성범죄 _ 73
   3) 성병 _ 80
   4) 불법 의료 시술 _ 82
   5) 불법 약물 복용 _ 85

제4장 양지로 나오는 '노인의 성'

1. 경기도 노인 성문화 축제 _ 89
2. 부천 은빛세상 페스티벌 _ 91
3. 결혼정보 회사의 이벤트 _ 92
4. 인구보건복지협회의 노인 미팅 _ 93
5. 사회복지관 _ 95
6. 노인 복지센터 _ 97

제5장 성에 대해 이야기할 상담사가 필요하다

1. 노인 성 상담사의 자질과 상담 자세 _ 104
   1) 노인에 대한 잘못된 믿음을 점검한다 _ 104
   2) 상담자 자신이 가지고 있는 성에 대한 이해를 파악한다 _ 105
   3) 상담자 자신의 세계관·여성차별주의·가부장주의를 점검한다 _ 106
   4) 노인 상담의 기본 모델에 충실히 한다 _ 107
2. 노인 성상담의 실제 _ 108
   1) 성기능 장애 _ 108
   2) 노인 부부의 성과 상담 _ 116
   3) 이성교제와 성 충동 _ 134

제6장 노인 성문제의 해결방안

1. 노인 복지정책의 필요성 _ 141
2. 노인의 성에 대한 정책 _ 142
    1) 노인 단독 세대의 증가와 그 해결책 _ 143
    2) 노인 성 상담원 양성 _ 146
    3) 노인 성교육 프로그램 활성화 _ 149
3. 노인의 성 정책의 미래 _ 153

부록 예술작품 속의 '노인의 성'

1. 영화 '죽어도 좋아' _ 156
2. 소설 '내 슬픈 창녀들의 추억' _ 159
3. 영화 '시' _ 161
4. 영화 '은교' _ 163
5. 영화 '호프 스프링스' _ 165

'노인의 성'에 대한 인식 변화

천재 화가 파블로 피카소는 1961년에 40세 연하인 자클린 로크와 결혼했다. 그때 피카소의 나이는 무려 80세였다. 피카소가 마흔 살의 그녀와 결혼한 것은 정력 때문이 아니라 정열 때문이 아니었을까?

- 어느 네티즌 -

내 나이가 어때서, 사랑에 나이가 있나요. 마음은 하나요, 느낌도 하나요. 그대만이 정말 내 사랑인데, 눈물이 나네요. 내 나이가 어때서, 사랑하기 딱 좋은 나인데.

- 오승근의 노래 '내 나이가 어때서' 중 -

대부분의 사람들은 '노인들은 성에 관심이 없으며, 성적 흥분에 도달할 수 없다'라는 생각을 고정관념처럼 가지고 있다. 그러나 그런 생각은 편견일 뿐이다. 필자는 노인 의료복지 시설(요양원)을 운영한 경험이 있다. 하루는 시설 라운딩 중 이불 속에서 어르신의 손이 바쁘게 움직이는 것을 본 적도 있다. 놀란 건 그 어르신은 당시 장기 요양보험 제도의 2등급으로 노인성 질환을 3가지씩이나 가지고 있는 어르신이셨다. 즉 식사수발 및 기저귀 케어 등 일상생활의 80% 이상을 혼자서는 할 수 없는 도움이 필요한 어르신이셨다.

그러나 '남자들은 젓가락 들 힘만 있어도 성생활이 가능하다'라는 속설도 우스갯소리일 뿐이다. 실제로 성(性)은 인간의 가장 기본적인 욕구로서, 성생활은 젊었을 때 가장 왕성하긴 하지만 나이가 들어서도 영위할 수 있다. 즉 노인 또한 성 능력이 있으며 성생활이 가능하다. 그러나 우리 사회는 노인의 성에 대해 '늙은이의 주책'이라는 부정적인 시각을 갖고 있는 것이 사실이다. 하지만 의학의 발달로 평균 수명이 늘어나면서 우리 사회도 고령화 사회에 진입한 만큼, 노인의 성에 대해 제대로 알고 노인의 성을 사회적·문화적으로 재인식할 필요가 있다. 뿐만 아니라 '인권'의 하나로서 노인의 성을 생각하고 사회 제도적인 장치를 마련할 필요가 있다.

1. 고령화 사회

우리나라의 노인 인구는 생활수준의 전반적인 향상, 현대 의학의 획기적인 발달 및 평균 수명의 연장 등으로 인해 매우 급속히 증가하고 있다. 통계청 자료에 의하면 2000년부터 노인 인구가 전체 인구의 7%를 차지하면서 고령화 사회로 진입했다. 평균 수명은 2010년 기준 78.8세이며 노령인구 증가율은 현재 총인구의 9.1%라고 한다. 또 2019년에는 만 65세 이상의 인구가 전체 인구의 14%를 넘는 고령 사회로 진입할 것이라고 한다.

사회가 발전하면서 노인들의 삶이 바뀌고 있다. 기대 수명이 늘고 건강한 노인들이 많아졌다. 노인의 성 문제는 사실 고령화 사회로 접어든 대다수 국가에서 사회적 문제로 인식되고 있다. 그러나 우리 사회는 여전히 '노인의 성'에 무관심하다. 특히 우리나라는 성에 대한 이야기를 터부시하는 유교적 관습으로 인해 성에 대해 보수적인 성향이 강하다. 노인은 자신들의 성생활을 자식들이 어떻게 생각할지에 대해 걱정하고, 젊은 세대는 노인의 성생활에 대해 거부감을 느끼는 것이 일반적인 사회 분위기라고 해도 과언이 아니다.

한 통계에 따르면 남성 노인의 90%, 여성 노인의 30% 정도가 성기능을 유지하고 있다고 한다. 정상적 성생활이 가능하다는 뜻이다. 하지만 우리 사회의 뿌리 깊은 유교적 관념은 노인들은 성적 욕구가 없거나 성기능이 없는 무성적(無性的)인 존재인 것처럼 대하고 있다. 실제로 상당수의 노인은 현재의 성욕이 젊은 시절의 성욕과 비슷하다고 느끼지만, 다른 사람들의 부정적인 시선이 두려워서 성에 대해 이야기할 수가 없다고 말한다. 선진국의 경우, 국가나 지자체가 장애인이나 노인의 성 문제를 직접 다루는 등 적극적으로 대응하고 있다. 하지만 우리나라는 고령화 사회에 접어들었음에도 불구하고 고령화 사회에 들어선 다른 선진국에 비해 노인의 성에 대한 사회적 인식이 낮은 편이다.

2. 통계로 보는 '노인의 성'

1) 통계로 보는 노인 성생활의 실태

최근 정부와 관련 기관에서는 고령화 사회라는 인식 하에서 '노인의 성'에 관심을 기울이기 시작했다. 여러 연구 결과와 설문조사는 '노인의 성' 문제에 관해 새로운 화두를 던지고 있다.

(1) 보건복지부의 설문조사(2012)

2012년에 보건복지부가 500명의 노인을 대상으로 조사해 발표한 '노인의 성생활 실태 조사 결과'에 따르면, 65세 이상의 노인 10명 중 6명 이상이 지금도 활발하게 성생활을 하고 있다. 즉 전체 대상자의 66.2%가 현재 성생활을 하고 있다고 응답한 것이다. 그리고 35.4%는 성 매수 경험이 있으며, 10명 중 4명(44.7%)은 '성매매 시 콘돔을 사용하지 않는다'라고 답해, '가끔 사용한다'(27.9%), '항상 사용한다'(27.4%)라는 응답에 비해 많았다.

성생활을 하는 노인 가운데 발기부전 치료제를 구입한다는 응답자는 50.8%였는데, 구입 동기는 '성기능 향상'(55%), '호기심'(23.4%), '발기부전 치료'(19.9%) 순으로 나타났다. 이 가운데 정품 사용 비율은 58.3%였으나, 정품인지 가품인지를 모르고 사용한 비율도 17.9%나 됐다. 구입 경로는 성인용품점, 노점 판매상, 전단지 구매 등이 절반 가까이(49.7%)를 차지했다. 성병에 걸린 적이 있다고 답한 사람도 36.9%(122명)에 달했다. 감염된 성병 종류로는 임질(50%)이 가장 많았고, 요도염(질염)이 17.2%, 사면발이가 5.7%, 매독이 1.6% 순이었다. 성병의 종류를 알지 못하는 경우도 15.6%(16명)나 됐다. 성인용품을 구입한 경험이 있는 비율은 19.6%(65명)였다. 주로 '성인용품 매장'(49.2%)에서 구입했으나, '신문·TV 광고'(18.5%), '전단지'(7.7%), '인터넷'(7.7%) 등을 통해 성인용품을 구입하기도 했다. 구입한 성인용품은 '남성용 자위기구'(23.5%)와 '무허가 진공음경흡입기'의 비율이 높았다.

 성 매수와 성병 등의 충격적인 내용도 있지만, 이 조사의 결과만 놓고 볼 때 '노인은 성생활을 영위할 수 없다' 또는 '노인은 성생활을 하지 않는다'라는 일반인들의 편견은 분명히 잘못된 것임을 알 수 있다. 복지부 관계자는 이 같은 조사 결과에 대해 "고령화 및 건강 수명이 연장됨에 따라 건강한 노인이 증가하고 있으나, 사별·이혼 등으로 부부관계를 통한 성생활이 곤란한 노인 수도 늘고 있다."라면서 "노인들이 남모르게 갖고 있는 성문제에 대한 고민을 올바로 풀어 나갈 수 있도록 지원해 나갈 예정"이라고 말했다.

(2) 한국소비자원의 설문조사(2012)

한국소비자원에 따르면 우리나라의 80대 노인은 10명 가운데 4명꼴로 성생활을 하는 것으로 나타났다. 한국소비자원이 60세 이상 노인 500명을 조사한 결과를 보면 80~84세 노인의 36.8%가 성생활을 한다고 답했다. 다른 연령층의 성생활 비율은 60~64세가 84.6%, 65~69세가 69.4%, 70~74세가 61.9%, 75~79세가 58.4%였다. 성생활을 하는 60대 이상 노인의 56.1%는 배우자 이외의 이성과 성관계 경험이 있었다.

10년 전 조사로는 60대 이상 노인의 성생활 비중이 30~40%에 그쳤고, 80대 이상은 10%도 되지 않았다. 10년 새 노인들이 더 건강해지고, 더 활발한 성생활을 하고 있다는 사실을 알 수 있다. 이 조사 결과는 60세부터 나이가 들면서 성생활 비율이 낮아지기는 하지만, 우리나라 국민의 평균 수명에 해당하는 80세까지 20년 동안 전체 노인의 60%가 성생활을 한다는 사실도 보여준다.

(3) 부산여성가족개발원의 설문조사(2012)

부산여성가족개발원에서는 65세에서 84세의 부산 지역 노인 400명의 성생활 및 가치관을 조사했다. 이 조사에서 노인의 55%가 지난 1년간 성생활을 한 적이 있다고 답했다. 응답자 중에서 남편이나 아내가 있는 경우는 72.2%가 성생활을 했다고 대답했으며, 성관계 횟수는 '3개월에 1~2회'가 20.1%, '1달에 1~2회'가 19.7%, '6개월에 1~2회'가 16.2%, '1년에 1~2회'가 11.5%를 차지했다. 그리고 '1주일에 1회 이상'이라고 답한 노인도 4.7%나 되었다. 성생활 상대로 배우자나 동거인이 90%로 가장 많았으며, 이성 친구나 즉석 만남, 그리고 성 매수를 통한 성관계도 있는 것으로 조사되었다. 성 매수에 대해 응답한 남녀 노인 중 72%가 '하면 안 된다'고 하면서도 성욕 때문에 어쩔 수 없이 필요하다고 말했다. 성매매 사유로는 44%가 '성적 만족을 위해서'였으며, 31%의 노인들은 '외로워서 성 매수를 했다'라고 답했다.

2) 여러 설문조사의 시사점

노인들 10명 중 5~6명은 성생활을 하고 있으며, 성관계 또한 주기적으로 하고 있다. 그런데도 우리 사회는 아직 노인들의 성문제에 대해서 쉬쉬하는 풍조가 팽배하다. 고령화 사회를 넘어 고령 사회로 가고 있지만, 노인의 성 문제에 대한 관심도 적고 대책 마련도 부족하다. 이 같은 사회적 관심 부족과 주변의 시선, 가족들의 눈치 때문에 노인의 성은 음지로 나아가고 있다. 건강 상태를 고려한 안전한 성관계보다 성매매를 통해 욕구 해소를 하기 때문에 성병 감염이라는 비극으로 이어지기 쉽다. 보건복지부의 설문조사에서 성 매수를 한 노인 중 36.9%가 성병에 감염된 경험이 있다고 한 것이 그 증거이다.

  노인은 이미 대한민국 인구의 상당수를 차지하고 있으며, 총 인구 중 노인의 비중은 앞으로 더욱 높아질 것이다. 지금부터라도 노인의 성을 인정하고 관심을 기울여야 한다. 정부기관 및 지자체의 설문조사는 '노인의 성'에 대한 현실 진단이라는 측면에서 의미가 있다. 그러나 여기서 더 나아가 '노인의 성'을 양지로 끌어내고, 건강한 노년'이 보장되는 사회 문화를 조성하는 데 이 설문조사가 활용되어야 할 것이다.

3. '노인의 성'에 대한 사회적 인식

1) 노인의 성에 대한 전통적인 인식

사람들은 보통 노인이 되면 성적 욕구가 감퇴된다고 생각한다. 하지만 최근의 연구(Whipple & Scura, 1989)를 보면 성적 욕구와 행위는 일생을 통해 지속된다고 밝혀졌다. 노인도 성에 대한 관심이 있고 성적인 행위를 하는데도 불구하고, 사회는 노인이 성욕을 표현하는 데 대해 부정적이다. 여기에는 '황혼의 사랑'을 일탈행위로 백안시하는 사회적 통념이 강하게 작용했다. 한 발 더 나아가 노인의 성과 관련하여 TV 등 언론 매체에서는 '박카스 아줌마'나 '노인들의 불법 비아그라 사용으로 인한 부작용' 등 부정적인 내용이 주로 다루어졌다. 이는 노인의 성을 더 음성화시키고 대중들의 인식도 더욱 나빠지게 하는 악순환을 낳았다.

이러한 현상은 노인에 대한 사회적 편견 때문이다. 즉 아직도 우리 사회는 노인을 성적인 욕구가 없는 존재로 여기거나, 노인의 성 욕구를 인정한다 하더라도 욕구 충족의 중요성을 무시하는 분위기가 형성돼 있다. 우리나라는 유교사상에 따라 성행위는 자식의 출산을 위한 행위라는 인식이 강했다. 따라서 출산 능력이 없어진 노인은 성적인 존재로 여기지 않는 경향이 있었다. 오랫동안 이어진 이런 인식 때문에 '노인의 성'은 비난받거나 숨겨져 왔다. 그 결과 노인은 자신의 성적 욕구를 자연스럽게 표현하지 못하게 되었고, 일부 노인은 성범죄나 매춘, 성병 등의 문제에 맞닥뜨리게 되었다.

2) '노인의 성'에 대한 새로운 시각

노인의 성에 대한 부정적인 인식이 강하다고 했지만, 최근에는 많이 개선된 것이 사실이다. 우선 의학계에서 밝힌 노인의 성에 대한 '진실'이 노인의 성에 대한 시각의 전환에 기여했다.

노인이 되면 성욕 자체가 사라질 것이라고 생각하는 사람이 많지만, 비뇨기과 의사들은 70~80대 노인도 마음만 있으면 얼마든지 건강한 성생활을 할 수 있다고 입을 모은다. 정정만 '준 남성클리닉' 원장은 "나이가 들면 성욕, 성교 횟수는 젊은 시절에 비해 줄어들지만, 질병 없는 노인이라면 죽는 날까지 섹스를 할 수 있다."라고 말한다. 그 역시 "성생활은 노인 건강에 도움이 되는 것은 물론 노인들의 사회생활을 왕성하게 하는 동력이 된다."라며 노인의 성관계가 미치는 긍정적인 측면을 강조한다. 노인의 성을 다룬 프로그램의 제목인 '인생의 정년퇴직은 있어도, 성에는 정년이 없다!'가 옳은 말인 셈이다.

하지만 노인의 성생활은 노화라는 문제와 분리해서 생각하기 힘들다. 노인들은 젊은 시절의 성적 능력과 현재의 성적 능력을 비교하여 자신감을 상실할 수도 있다. 특히 여성 노인의 경우 중년 이후 갱년기 증후군을 겪으면서, 나이가 듦에 따라 생기는 호르몬 변화나 다른 신체적 변화에 대해 남성보다 더욱 민감한 신체적 변화를 겪는다. 그러나 의학의 발달로 호르몬 변화뿐만 아니라 다른 신체적 이상에 의한 성 능력의 퇴화를 극복할 수 있다. 눈이 나쁠 때 안경을 써서 시력을 교정하듯이, 의학의 도움을 받아 성 능력을 향상시키는 것이 더 이상 '부끄러운 일'이 아닌 것이 되었다.

4. 노인 스스로가 찾는 '성의 행복'

1) 성본능과 노화

인간에게 성욕은 식욕과 수면욕과 함께 기본적인 욕구이다. 그러나 노인은 '노화'라는 신체적·정신적 변화와 떨어뜨려 생각할 수 없다. 노화는 시간에 따라 몸의 세포, 조직, 기관, 또는 몸 전체에서 일어나는 점진적인 변화이다. 인간이 태어나 죽음에 이르기까지 지속되는 변화의 과정이라고 할 수 있다.

한편 노화에는 심리적 노화, 생물학적 노화, 사회적 노화 등이 있다. 생물학적 노화는 신체의 기관과 체계의 구조 및 기능이 시간의 흐름에 따라 그 기능이 약해지는 것을 의미한다. 심리적 노화는 축적된 경험에 의한 행동·감각·지능·자기 자신에 대한 인식 등이 시간의 변화에 따라 변화하는 것을 말한다. 또 사회적 노화는 생활 주기를 통해 일어나는 규범·기대·사회적 지위 및 역할의 변화 등을 의미한다. 인간의 성에 대한 관심과 흥미는 태어나는 시점부터 죽음에 이를 때까지 지속된다. 비록 노인은 노화 현상 때문에 성 능력이 감퇴되는 것이 사실이지만, 성욕과 성 능력은 어느 순간 사라져 버리는 것이 아니다. 몸과 마음에 심한 손상이 일어나지 않는 한 성 본능은 언제까지나 인간의 삶과 함께한다.

2) 노인의 성생활이 삶의 질을 높인다

최근 여러 학자들과 정부기관, 노인 관련 기관에서 발표한 연구에 따르면, '노인의 성생활'은 노인의 정신 건강뿐 아니라 육체 건강에도 무척 좋다고 한다. 이 연구들에서는 성생활이 노화에 의한 부정적인 변화를 감소시킬 수 있다고 주장한다. 그중 일부는 다음과 같다.

(1) 성관계는 근육 운동이며, 신체기관의 정상적인 활동에 도움이 된다. 여성 노인의 경우 성 활동이 활발하면 질 위축이 덜 나타나고, 관절염을 앓는 노인은 관절의 각도와 사지의 움직임이 크게 향상되었다.

(2) 정서적 친밀감의 경험, 소외감의 해소, 자율성, 스트레스와 외부의 문제를 다루는 능력과 성적인 균형을 이룸으로써 노년기의 인간관계가 더 좋아질 수 있다(Hooyman & Kiyak, 2002).

(3) 삶에 대한 자신감을 주고, 연대감을 느끼게 하며, 자아 존중감, 자기 유용감, 자아 성취감과 정신적 만족감을 높여 준다. 더불어 고독감, 우울감 해소 등 정서적인 측면에서 매우 중요하다

(4) 몸과 마음의 건강이 성 행동과 성 만족에 큰 영향을 미치지만, 만성적인 건강 문제, 우울감 또는 지적인 기능상의

문제를 가진 노인도 성적 만족을 통해 삶의 활력을 느낄 수 있다.

노인들의 규칙적인 성생활은 건강에 좋다. 노인 남성은 고환과 음경의 위축이 방지돼 전립선 질환이 예방된다. 노인 여성은 골다공증을 예방할 수 있다. 노화도 방지되고 자신감도 높아지며, 심폐 기능까지 좋아지고 면역 기능도 상승한다. 조금 과장하자면, 성관계는 '만병통치약'이자 '불로초'인 셈이다. 따라서 노인의 성은 아름답지 못하다는 잘못된 인식과 고정관념을 버리고, 노인도 자신의 욕구와 관심에 따라 성적 표현을 할 수 있는 '한 인간'이라는 사실을 받아들여야 한다. 노화는 누구에게나 일어나는 인생의 과정이다. 사랑과 성적인 만족을 누림으로써 안정감과 행복을 느낀다면 노년기의 삶은 더욱 풍요로워질 것이다.

3) '성의 기쁨'을 스스로 찾으려는 노인들의 움직임

서울시가 2011년 11월부터 2012년 2월까지 서울 지역 노인 327명을 대상으로 한 성 실태 조사에 따르면 응답자 75%가 노인의 성에 대해 사회적 관심이 적다고 답했다. 그리고 배우자가 있는 노인들 중 24%는 1개월에 1~2회, 8.7%는 1주일에 1회 이상 성관계를 맺는데, 배우자가 없는 노인 72.4%는 성관계를 하지 않는다고 밝혔다.

하지만 2014년인 지금 노인들의 성에 대한 생각이 달라졌다. 이제는 적극적으로 부부간의 성 문제, 이성과의 문제를 털어놓는 노인이 많아졌다. 의학의 발달로 건강한 신체를 가지고 경제적 기반을 바탕으로 윤택한 생활을 하는 '꽃할배'와 '꽃할매'가 많아졌다. 이들은 체면이나 부끄러움 때문에 성에 대해 감출 필요가 없다는 인식이 널리 퍼지는 데 한 몫 했다. 노인들 스스로 성에 대한 낡고 왜곡된 생각을 버리고 성생활이 젊은 세대의 전유물이 아닌, 노인들도 누릴 수 있는 즐거움이라는 인식이 확산돼야 한다. 노인들이 건강하고 행복한 노년을 보낼 수 있도록 정부와 민간의 노력도 필요하다. 이를 위해 노년층을 위한 다양한 콘텐츠를 개발, 보급하고, 노인들의 성 인식 개선 사업을 하는 등 구체적인 방안이 마련돼야 한다.

21세기의 노인은 예전의 노인과 다르다. 요즘 노인들은 노년의 삶을 단순하게 '수명 연장'이라고 생각하지 않는다. '삶의 질'과 '행복'에 대해 고민하는 노인들이 점차 늘고 있다. 행복과 사랑은 성생활과도 관련이 큰 만큼 신체적인 한계를 극복하고자 비아그라 등의 약물을 이용하는 경우도 이제 낯선 모습이 아니다.

4) 꽃할배와 꽃할매의 황혼 로맨스

꽃할배, 꽃할매들의 섹스 라이프는 대략 10여 년 전까지만 해도 당사자나 주변에서 숨기고 싶었던 부분이다. 그러나 노인성 상담가 박순영 씨는 "(요즘 노인들 사이에) 이성교제 문화가 자연스럽게 형성돼 (노인들이) 건전하고 행복한 삶을 가꾼다. 노인들의 이성교제는 재혼이나 결혼을 전제로 하기보다는 친구처럼, 연인처럼, 영혼의 파트너처럼 그 패턴이 바뀌고 있다."고 말한다. 또 "상담을 해온 분들 중 성적 욕구를 떳떳하게 해소하고 싶다는 이들도 상당수 있으며 소외감을 느낄 때 애인을 찾는다."라고 말한다.

"글쎄, 외롭다는 한마디 말로는 설명할 수 없지요. 뭐랄까, 마치 젊은 시절처럼 마음이 들뜬다고 할까? 그런 기분 때문이지, 단지 외로워서가 아니야. 새로운 세상이 열리는 것처럼 리프레시(refresh)되는 거지. 내가 다시 태어난 것 같아요." 고양시 일산동구 중산동에 사는 정 씨(65, 여)는 반년 전부터 일주일에 한 차례씩 데이트를 한다면서, 데이트할 때의 기분을 이렇게 설명한다. 한 살 위였던 남편과 사별한 지 6년째. 남편의 연금으로 비교적 풍족한 생활을 하는 정씨는 계모임의 친구 소개로 자신보다 두 살 아래인 김 씨 아저씨(정 씨는 그를 이렇게 불렀다)를 만났다.

노인 세대를 관심 있게 지켜본다는 한 사회학자는 노인들의 데이트 상황과 형태도 다양하다고 말한다. 이른바 '삼각관계'로 갈등을 빚거나 더욱 심각한 관계로 발전해 자식들이 나서서 '해결'해야 하는 상황까지 가는 경우도 있다는 것이다. 경기도의 한 호텔 매니저는 '무인텔', '러브호텔'의 단골 고객 가운데 노인 커플도 꽤 있다고 한다. 또 비뇨기과에도 성기능 및 성병 치료를 받는 노년 환자들이 점점 늘어나고 있는 것으로 조사됐다.

분당에서 만나 갤러리 데이트를 즐기고 있다는 한 남성 노인

(76세)은 "인간은 질병으로 육신과 정신이 무너지지 않는 한 나이가 든다고 결코 한 생명체로서의 본능을 잃어버리지 않는다. 이성에 대한 애틋한 마음과 기쁘고 즐거운 삶에의 집착은 지극히 자연스러운 것"이라고 주장한다. 그는 인생의 멋진 후반전을 위한 핵심 열쇠는 다름 아닌 '사랑'이라고 말한다.

제2장

성을 통해
노년기의 삶을
업그레이드하라

"마음이 뜨거우면 몸이 녹슬지 않듯, 노년에도 가슴 뛰는 사랑을 할 수 있다는 것은 그만큼 감성이 살아 있고 삶의 열정이 뜨거운 거야. 이왕 사는 거, 그냥 재밌게 살자. 연애가 남자들이 하기에 가장 재밌고 좋은 오락이야. 제일 재밌어! 낚시보다 재밌고, 그림보다 재밌고…"

-양종철(68, 남)-

1. 노화, 몸과 정신의 변화

노년기에는 '노화'라는 신체적인 변화가 일어난다. 노화는 인간의 정상적인 성장과 발달 과정 전체의 한 부분이지, 결코 질병 같은 개념이 아니다. '노화'를 있는 그대로 인정하고 받아들이면, 노인은 더욱 건강하고 자유롭게 노년의 삶을 즐길 수 있게 된다. 노화에 대해서는 이미 많은 학자들이 과학적인 설명을 내놓았다. 이를 정리하면 다음과 같다.

1) 노화를 설명하는 이론
(1) DNA의 손상이 누적되어 세포 기능의 이상이 일어난 것이라는 이론
(2) 인간의 유전자 속에 이미 조직의 발생, 성숙, 노화 과정이 프로그램화되어 있다는 이론
(3) 생체가 반복적으로 소모되어 보수나 재생이 회복 불능 상태에 이른 것이라는 이론
(4) 세포의 신진대사 기능에 장애가 일어나는 것이라는 이론
(5) 생활 속의 스트레스가 오래 축적되면 적응 에너지가 소비됨으로써 노화가 진행된다는 이론

(6) 자기면역 체계에 손상이 생기면서 노화가 일어난다는 이론

노년기에 겪는 신체적·인지적·사회적 변화는 다음과 같다.

2) 신체적 노화
(1) 운동 능력이 감퇴되어 행동이 느려진다
(2) 피부·골격·오감에 변화가 일어난다.
　① 청력 : 후기 노인의 19%가 보청기를 착용하는 데 반해, 젊은 노인의 5.7%만이 보청기를 착용(U.S. Bureau of the Census, 1996).
　② 후각 : 65~80세 노인의 25%는 완전 후각 상실, 60%는 심각한 후각 상실. 15%는 후각에 이상 없음.
(3) 신경계가 둔해진다.
(4) 신진대사가 원활하게 이뤄지지 않는다.
(5) 자극에 대한 회복력이 저하되기도 한다.
(6) 수면 패턴의 변화로 밤에 깨는 횟수가 많아지며, 부족한 잠을 낮에 보충하는 경우가 많다.

3) 인지적 노화

(1) 지능은 노년기 초기까지는 별다른 쇠퇴가 나타나지 않는다.

(2) 교육수준, 세대, 사회·경제적 지위, 건강상태, 심리적 건강, 생활경험 등에 따라 인지적인 쇠퇴에는 개인별로 차이가 있다.

(3) 전반적으로 기억력이 저하된다.

(4) 과업 수행이나 작업 성취도의 저하가 일어난다. 그러나 학습 기간과 반응 기간이 충분하다면 학습 증진 효과를 보인다. 학습 내용이 의미 있고 학습하려는 욕구가 강할수록 학습의 효과도 크다.

(5) 일반적으로 사고력과 문제 해결력이 떨어지지만, 교육수준·지능·직업 등에 알맞은 훈련을 받으면 다시 증진될 수 있다.

4) 심리사회적 변화

(1) 역할 변화에 대한 적응: 조부모로서의 역할, 혼자 남음, 퇴직

(2) 자신의 삶을 되돌아봄

(3) 죽음에 대한 태도 : 죽는 과정과 혼자서 죽음을 맞을지도 모른다는 공포, 죽음 이후의 세계에 대한 두려움, 남은 사

람들에게 잊힐 것이라는 두려움, 남은 가족이 겪게 될 슬픔에 대한 두려움, 신체가 소멸되는 것에 대한 두려움, 친지나 배우자의 죽음에 대한 대응 필요

노화란 누구나 겪게 되는 인생의 한 과정이다. 그러나 이를 잘 받아들이고 적응한다면 노년의 삶의 질을 높일 수 있다. '성공적 노화'란 질병이나 그와 관련된 무능력 수준을 낮추고, 높은 인지적·신체적 능력을 유지하며, 보다 적극적으로 자신의 생활을 영위할 때 이뤄진다. 이때 성공적 노화를 이루는 기준은 '신체적으로 건강할 뿐 아니라, 몇 가지 일에 열중할 수 있고, 자신이 살아온 인생을 의미 있는 것으로 간주하여 긍정적인 자아 개념을 지니고 행복한 감정을 갖는 것'이다. 그리고 노후에 대한 개인적·사회적 준비는 노후 생활의 만족도를 높여 준다.

2. 성기능의 변화

노인이 되면 다른 기능과 마찬가지로 성기능에도 변화가 생긴다. 젊었을 때는 외부의 성적 자극에 대해 빠르게 반응하지만, 나이가 들수록 속도나 강도 측면에서 감퇴가 일어난다. 실제로 남자의 성적 충동은 10대에 최고조에 달했다가 서서히 줄어들고, 여성의 성감은 성인이 된 후 최고조에 달해 유지되다가 60대 후반이 되면 감소하는 경향을 보인다. 나이가 들수록 나타나는 남성과 여성의 성기능 차이를 보면 다음과 같다.

1) 남성의 변화

남자의 경우 나이가 들수록 남성 호르몬이 감소하며 성욕과 성기능도 감소된다. 특히 남성은 나이가 들수록 음경이 발기하는 데 걸리는 시간이 길어진다. 발기 후 지속 시간도 짧아져서 몇 분간 유지하다가는 곧바로 수그러든다. 또한 발기해도 단단해지지 않는다. 뿐만 아니라 사정하기 전의 분비물이 감소되며, 매번 성교 때마다 사정이 되는 것은 아니다. 또한 사정이 된다 하더라도 정액 양이 감소하고, 사정하는 데 힘이 없어진다. 자연스럽게 쾌감이 줄어들거나 모호해진다. 이런 현상은 나이가 먹음에 따라 자연스럽게 나타나는 현상이므로 걱정할 일은 아닙니다.

남자에게서 성욕이 발생하는 직접적인 원인은 고환에서 분비되는 안드로겐 때문이다. 다만 성욕을 불러일으키는 과정은 매우 복잡해서 시각적·후각적·청각적·상상적인 영향을 받는다. 노인이 되면 성호르몬의 분비가 감소하고, 그에 따라 성욕이 감소하는 것은 필연적이다. 그러나 성적 요구와 성기능은 일반인이 상상하는 것처럼 그렇게 큰 폭으로 감퇴하지 않고 매우 완만하게 이루어진다. 남성은 생리적 변화가 두드러지지 않더라도, 노화로 인한 적응 과정에서 특히 파트너인 여성의 영향을 많이 받는다. 만약 파트너가 폐경 이후 우울증을 심하게 겪거나 만성질환을 앓으면 남성 파트너에게도 노화로 인한 부정적인 영향이 크게 미친다.

젊은이들은 성욕이 강렬하기 때문에 머릿속으로 상상하거나 시각·청각·후각을 통한 자극만으로도 성욕이 일어날 수 있다. 그러나 나이가 들수록 이러한 자극에 대한 반응이 점차 약해져서, 전신 애무와 생식기를 직접적으로 자극하지 않으면 성욕을 불러일으키기 어렵다. 따라서 노인들은 피부접촉 욕구가 강해지는 경향을 보이는데, 이는 성생활의 횟수가 감소하는 것을 보상하기 위한 욕구일 가능성이 높다. 따라서 노인 남자들은 성생활을 하기 전에 준비를 잘해서 서로 정성들여 애무하고 국부에 대한 자극을 강화함으로써 성욕이 일정한 만족을 얻을 수 있도록 해야 한다. 그래서 부부간의 애무와 포옹은 노인 남자의 성생활 유지에 매우 중요하다.

그러나 아무리 외부적인 자극을 주어도 발기가 되지 않을 때는 발기부전을 생각해 봐야 한다. 남성 발기부전의 가장 흔한 원인은 심혈관계 질환과 당뇨이다. 동맥경화증의 초기 증상이 발기부전으로 나타나는 경우가 많다. 음경 동맥에 이상이 있는 경우 고지혈증·허혈성 심장질환이나 뇌졸중이 관련 있을 수 있다. 당뇨병 환자에서 발기부전의 빈도는 28%로, 일반인의 9.6%보다 높다. 이것이 만성적인 상태가 되면 치료가 어렵고 심각한 스트레스로 작용한다. 관절염도 통증이나 경직·동작의 장애로 인해 성관계를 어렵게 하며, 흡연도 발기에 안 좋은 영향을 미친다.

남성은 나이가 들면 발기에 더 많은 자극이 필요하고 발기가 오래 지속되지 않을 수도 있는데, 이러한 변화에 대한 불안감이 발기부전 등의 성기능 장애를 초래하기도 한다. 노인들은 매번 사정해야 한다는 강박관념만 버리면, 성행위의 빈도를 조절해서 성생활을 지속적으로 영위할 수 있다. 뿐만 아니라 테크닉을 달리함으로써 얼마든지 성기능 장애를 방지하고 성생활을 유지할 수 있다.

나이로 인한 호르몬 결핍 증상은 남성 호르몬 보충 요법으로 큰 효과를 볼 수 있다. 남성 호르몬 보충 요법은 성욕과 발기력을 향상시킬 뿐 아니라 골다공증 예방, 근력 강화, 기분전환 등의 부수적인 효과도 얻을 수 있다. 요즘은 비아그라 같은 경구용 발기부전 치료제를 이용하거나 음경 해면체 주사제를 이용해 발기부전을 극복기도 한다.

2) 여성의 변화

여성은 45세 전후의 폐경기가 지나면서 난소의 기능 부전으로 에스트로겐, 프로게스테론, 안드로겐 등의 여성 호르몬 및 남성 호르몬의 저하가 나타난다. 연령 증가에 의한 폐경만이 아니라 건강 문제로 자궁 절제술을 받은 경우에도 폐경과 유사한 변화를 겪게 된다. 이 때문에 질 분비액이 감소하고 생식기로의 혈류도 감소하면서 질의 탄력성이 떨어지고 윤활 작용도 더뎌진다. 그래서 성교 시 통증이 따르거나 성적인 감각이 떨어질 수 있다.

그러나 폐경이 곧 성생활의 중단을 의미하지는 않는다. 60세 이후의 노인 여성은 질 윤활 액이 분비되기까지 더 많은 시간이 걸리지만, 성적 흥분과 쾌감은 거의 변화가 없다. 폐경기 이후라도 정기적으로 오르가즘을 경험한 여성들은 섹스를 전혀 하지 않는 여성에 비해 질 위축이나 외성기의 장애가 적으며, 심리적 만족감도 높다. 여성의 경우는 성에 대한 지식이 적은 데다, 폐경기 이후에는 성에 대한 욕구를 갖는 것이 좋지 않다고 생각하는 경향이 있어서 성적 욕구를 참는 경우가 많다. 하지만 여성도 남성과 마찬가지로 노후에도 성생활을 하는 것이 자연스럽다.

여성의 경우 국소 호르몬제 또는 윤활제 등을 사용하거나 적절한 상담 치료를 통해 여성 성기능 장애를 호전시킬 수 있다. 여성의 성적 욕구를 높이는 방법으로는 호르몬 보충법이 있다. 이 방법은 성욕의 증가·감각의 호전 또한 기대할 수 있다.

3. 성관계는 몇 살까지 가능한가?

1) 영화 속 칠순 노인의 성행위

2002년 '죽어도 좋아'라는 영화가 개봉돼 우리 사회에 큰 파장을 불러 일으켰다. 70대 두 노인 남녀의 사랑 이야기를 다룬 이 영화에는 두 노인의 성관계 장면이 매우 사실적으로 등장했다. 우리나라 노인들은 문화적 속박과 관념의 영향을 받아 성행위를 낯부끄러운 일로 여기는 풍조가 있다. 자녀들 또한 어른이 된 후에는 늙은 부부는 성관계를 중단하는 것이 옳다고 여기는 경향이 있다. 결국 이러한 사회적 분위기는 노인 남자의 성 능력과 성행위 등에 대한 수많은 오해와 편견을 낳았다. 예컨대 '노인이 되면 성기능이 없어진다', '노인은 성기능이 남아 있다 하더라도 매우 미약하다'라는 것 등이다. 또 노인이 성 욕구를 드러내는 것은 '노인답지 못한 일'이라고 말한다. 심지어 노인의 성생활은 건강을 해치기 때문에 몸에 좋지 않다고 생각하는 잘못된 관념이 만들어졌다. 이러한 편견들 때문에 많은 남성 노인들은 성에 대한 욕구가 생겨도 애써 무시하거나 잘못된 것이라고 생각하면서 성적 욕구를 버렸다.

2) 성생활에는 정년이 없다

 백석대학교 나임순 교수의 연구에 따르면, 60세 이상 노인을 대상으로 성생활의 중요성에 대해 알아본 결과 성생활이 '중요하다'라는 응답이 56.2%로, '중요하지 않다'(22.4%)라는 응답보다 월등히 많았다. 또 65세 이상 노인의 성생활 빈도를 조사한 결과 조사 대상 노인의 50.2%가 성생활을 영위하고 있다고 답하여, 성생활에는 정년이 없다는 것이 나타났다. 이들 중 '월 1~2회' 성생활을 한다고 답한 노인이 26.4%나 됐으며, '3개월에 1~2회'가 11.3%, '6개월에 1~2회'가 7% 순이었다. '주 1회 이상' 성생활을 한다는 노인도 5.6%를 차지했다. 반면 '성생활을 하지 않는다'라고 답한 노인은 49.8%였고, 여성(66.9%)이 남성(35.8%)보다 성생활을 하지 않는 것으로 나타났다. 성생활 만족도는 남성(51.3%)이 여성(34.8%)보다 높았다. 성생활을 하지 못하는 이유에 대해서는 '신체기능 약화'가 61.2%, '상대자가 원하지 않아서'가 22.5%, '상대가 없음'이 9.8% 등으로 나타나 성생활에 불만족을 느끼는 노인들도 많았다.

 일본에서도 이와 비슷한 연구 사례가 있다. 삿포로 의과대학 비뇨기과 교실에서 발표한 연구 결과에 의하면, 80대 전반 노인 남성의 34%가 불규칙적이나마 아직도 성생활을 시도하고 있었고, 그 중 13%는 '1달에 1, 2회' 성생활을 즐기고 있는 것으로 나타났다. 또한 70대 후반의 55%, 70대 전반의 65%, 60대 후반의 79%가 지속적인 성생활을 영위하고 있는 것으로 드러났다.

요컨대 80세가 되어도 성관계를 갖고 있는 사람이 있다는 것을 보면, 성관계는 나이를 먹었다고 해서 못 하는 것이 아니라는 것을 알 수 있다. 건강 관리만 잘한다면, 80세가 넘어서 죽을 때까지도 성관계를 가질 수 있다. 즉 '성생활에는 정년이 없다.' 성욕이 인간의 기본 욕구라는 관점에서, 모든 이가 나이와 상관없이 성생활을 누릴 권리가 있다. 따라서 노인들은 성기능이 쇠퇴해져 성행위를 할 수 없다는 고정관념에서 벗어나, 노인들도 사람이기에 젊은 사람 못지않게 성관계를 누릴 수 있다는 생각을 가져야 한다. 다만 성기능의 약화와 함께 성생활을 누릴 대상이 점점 없어진다는 데서 사회의 배려가 필요한 시점이 되었다.

4. 노인 성생활의 애로사항

1) 생물학적 변화

여성의 경우 성적 관심이 없는 것이 가장 큰 문제이며, 윤활작용의 어려움, 오르가즘에 도달하지 못하는 무감각, 성생활이 즐겁지 않다는 인식, 성행위 도중의 고통, 그리고 오르가즘이 지속되지 못하는 것 등의 순서로 문제를 지적할 수 있다. 남성의 경우 일찍 사정하는 점이 가장 큰 문제로 꼽히며, 그 뒤를 이어 발기 장애, 성적 관심의 부족, 오르가즘에 도달하지 못하는 점, 그리고 성행위 동안의 고통이 문제점으로 거론되고 있다.

2) 건강 상태

당뇨, 심혈관 질환, 관절 질환, 암, 비뇨기계 등의 문제가 있는 경우, 질병 자체와 약물 복용 때문에 성생활에 대한 관심이 줄어들 뿐만 아니라, 그것이 성생활에 대한 욕구, 기대, 오르가즘 등에 부정적인 영향을 끼치는 것으로 알려져 있다. 뿐만 아니라 만성 질환을 가지고 있는 경우 대인 관계의 문제, 자신의 이미지에 대한 왜곡, 그리고 만성 피로 및 고통 등을 유발하여 성생활에 간접적으로 영향을 준다.

3) 성에 대한 남녀의 생각 차이

노인의 성문제에 관한 안수남(2005)의 연구를 보면, 남성 노인이 성충동을 느끼는 계기는 '성인 잡지를 봤을 때'(17.2%), '아름다운 이성을 봤을 때'(15.8%), '누드 사진을 봤을 때'(13.4%), '젊은 이성 상대를 만날 때'(11.5%), '성 관련 이야기를 할 때'(11.3%), '성인 영화를 볼 때'(9.8%), '배우자와 함께 있을 때'(2.8%) 순이었다. 성충동을 느끼면 남자는 배우자나 유흥업소 여종업원 등 어떤 식으로든 이성과의 성행위를 통해 해소하는 비율이 62.5%에 달했다. 여성은 그 비율이 39.7%였다. '다른 일에 몰두하거나 참고 넘긴다'라는 비율은 남성 32.7%, 여성 54.9%였다. 자위행위를 통해 해소한다는 비율도 남성 4.8%, 여성 5.5%였다.

노인 중 남녀를 통틀어 47%가 성적 욕구를 정상적으로 처리하지 못하고 있다는 말이다. 보통 여성들은 폐경이 되면 성관계도 끝난다고 생각한다. 이것은 성을 '자손의 생산'에만 국한시켜 생각하던 전통적 사고방식의 영향 때문이다. 그래서 여성 노인은 욕구를 가지고 있지만, 욕구를 추하다고 생각하거나 남편을 일부러 기피하는 현상들이 생긴다. 이 때문에 부부간 갈등이나 다툼이 생기고 결혼 생활이 불행해지기도 한다. 그러나 다른 연구 결과를 보면, 여성들의 성에 대한 관심과 욕구는 젊었을 때와 비교해서 어느 정도 감소할 뿐, 죽을 때까지 지속되기는 한다.

　위의 안수남의 연구 결과를 보면, 남성 노인들은 집에서 성욕구를 해결하지 못하면 외부에서 성 욕구를 해결하려고 한다. 일부이긴 하지만, 그것이 성범죄나 성매매로 이어지는 경우도 있다. 따라서 노인들의 성을 제대로 인식할 수 있는 노인 성교육이 절실히 필요하며, 성적 욕구를 정당하고 합법적으로 해결할 수 있는 방법들을 알려주어야 한다.

5. 부부간의 성 문제, 대화가 답!

서울 영등포에 위치한 노인 성 상담실은 인구보건복지협회가 운영하는 제1호 노인 성 상담실이다. 문을 연 지 1년 동안 상담 횟수는 1000건 이상으로, 가장 많은 상담이 이뤄지는 주제는 '성기능 저하'이다. 그러나 상담실의 정신숙 고령화 대책 팀장은 실제로 노년기의 성에서 가장 중요한 문제는 성기능 저하가 아니라고 말한다. "많은 분들이 기능에 집착하면서, 이것만 해결되면 다 되는 것처럼 생각하시지만, 사실 진짜 중요하고 뿌리 깊은 문제는 배우자와의 커뮤니케이션이 이루어지지 않고 있다는 것이에요. 실제로 두 번째로 많이 상담해 오시는 주제가 부부간의 성적 갈등이에요."

가부장적 분위기가 지배하던 과거에는 여성들이 임신을 목적으로 수동적인 부부관계를 가져야 하는 경우가 많았다. 때문에 많은 여성들이 나이를 먹으면서 심적으로 성생활 자체를 피곤해 하고 원치 않는 경우가 많다는 것이다.

"젊어서도 원치 않았는데, 여성들이 나이를 먹어서는 아예 부부간 성생활에 무관심해지고 거부를 하는 거예요. 이 때문에 부부간 대화 단절이 일어나고, 삶이 불행해지기 시작하는 것이죠."

정신숙 팀장은 행복한 노년 성생활의 첫 단계는 바로 서로간의 배려라고 강조한다. 흔히 우리가 생각하는 성적인 문제는 육체적인 문제만을 의미하지만, 사실 마음의 교류까지도 성 문제에 포함된다. 부부간 일상생활의 친절, 따뜻한 말 한마디, 작은 스킨십부터가 행복한 노년 성생활의 시작이다.

6. 노년기 성생활의 팁

노인이 되어서 성관계를 가질 때는 다음 사항에 유의해야 한다.

1) 성관계 전에는 술을 마시지 말아야 한다. 술을 마시게 되면 발기가 어려워지며, 배우자가 술에 취해서 하는 성관계에 대해 부정적인 생각을 갖기 때문에 마음이 움직이지 않아 성관계가 어려워진다.

2) 나이가 많아짐에 따라 발기의 정도와 지속 시간도 약해지고 짧아지기 때문에, 성행위 시간은 길게 잡지 않아야 한다.

3) 노인 남자가 성적인 흥분을 일으켜 음경이 발기하기까지는 비교적 긴 시간이 필요하기 때문에 전희를 최소한 15분 이상 한다.

4) 심한 운동 직후나 극도의 흥분 상태에서는 성관계 중 혈압이 높아져 이상이 생길 수 있으므로 관계를 피해야 한다.

5) 발기부전 치료제를 복용하고 발기하기보다는 자연적으로 발기하도록 노력해야 한다. 치료제를 복용한 경우에는

맥박이 너무 빨리 뛰면 성행위를 중지해야 한다.

6) 노인은 정액을 배출하는 압력이 떨어진다. 그러다 보니 사정을 지연하려 하면 발기가 풀어져서 실패할 수 있으므로, 되도록 자연스럽게 해야 한다.

7) 여성의 경우 남을 많이 의식하기 때문에 다른 사람이 밖에 있으면 성행위에 집중하기 어렵다. 따라서 문을 잘 닫고, 방음이 될 수 있도록 해야 한다.

8) 낯선 환경에서 성관계를 가지면 분위기가 익숙하지 않아서 발기가 잘 안 될 수 있으므로, 가급적 낯선 곳에서는 성관계를 피하는 것이 좋다.

9) 성관계 도중에 발기가 사라지거나 사정이 되지 않는다고 해서 자학하면 성기능 저하로 이어지기 쉽다. 나중에 하면 된다는 여유로운 마음을 갖는 것이 좋다.

10) 잘못된 상식이나 타인의 과장된 얘기에 현혹돼 자신의 성기능을 평가해서는 안 된다. 이는 성욕이나 성기능의 저하를 일으킬 수 있다.

11) 성행위 중 갑자기 어지러워지거나 가슴이 답답해지고 심장이 심하게 뛰면, 행위를 멈춘 다음 충분한 안정을 취하고 의사의 진찰을 받는다.

12) 남녀 모두 성적 욕구가 충만해도, 음경 발기가 완전하게 되지 않으면 모든 성행동을 그만두는 경향이 있다. 그러나 남녀 모두 신체 접촉만으로도 만족할 만한 성적 쾌감을 얻을 수 있다. 심지어 오르가즘에 이르는 능력이 감소한 경우에도, 서로 어루만져주고 애무·키스 등을 함으로써 즐거움을 느끼거나 친밀감이 강화되어 정서적인 만족감을 느낄 수 있다. 그러면 굳이 성관계를 갖지 않아도 행복할 수 있다는 것을 깨닫게 된다.

7. 노년기 성관계의 장점

노인은 성관계를 통해 신체적으로나 정신적으로 얻을 수 있는 이득이 많다. 성관계는 칼로리 소모가 많고 노화를 방지하며 강력한 진통 효과가 있어서, 편두통을 비롯한 각종 통증을 완화한다. 병에 대한 면역력을 향상시켜 주고, 뼈를 튼튼하게 하여 골다공증도 예방한다. 또 혈압을 떨어뜨리는 등의 효과가 있다.

한편 노인들에게 가장 위험한 것은 우울증이다. 우울증은 주로 정서적 교류의 부족으로 나타난다. 노인의 성생활은 이러한 교류의 부족을 채워줄 수 있으며, 노인들 간의 만남을 통해 정상적인 교류를 함으로써 우울증을 치료할 수 있다. 주변 여건이나 본인의 질병, 사회적인 시선으로 인해 노년의 성은 위축되기 쉽다. 그러나 노인의 성생활은 삶에 활력을 주며, 고독감·우울증 등에서 벗어날 수 있는 좋은 예방법이자 치료법이기 때문에 사회가 관심을 가져야 한다. 노인들이 성적 욕구를 해결함으로써 고독감이나 우울증에서 탈출할 수 있다면, 노인의 자살과 같은 사회 문제도 줄일 수 있을 것이다.

"아직 팔팔하다구"
노인들의 性생활

1. 性생활, 건강에 도움

: 노화 방지, 심폐 기능 향상, 면역기능 향상
  남 - 전립선 질환 예방
  여 - 골다공증 예방

2. 性생활 즐기는 노인들

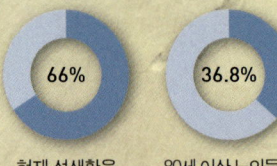

66% 현재 성생활을 하고있다

36.8% 80세 이상 노인들의 36.8%가 성생활

3. 자유로운 노인들의 性생활

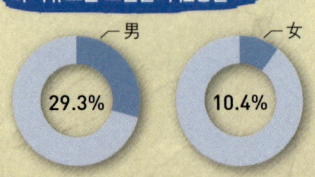

男 29.3% / 女 10.4%
원나잇 스탠드를 할 수 있다

2. 性생활, 이것은 조심

- 박카스 아줌마
  공원, 지하철 일대에서 성을 파는 노인여성. 이들과 매춘을 하거나 검증되지 않은 기구와 약물 사용으로 큰 병으로 이어 지기도함

- 성병
  성생활 하는 노인들 중 성병감염 빈도 36.9%

- 보조의료기기
  부작용 피해(두통, 소화불량, 가짜약품 복용으로 인한 피해)

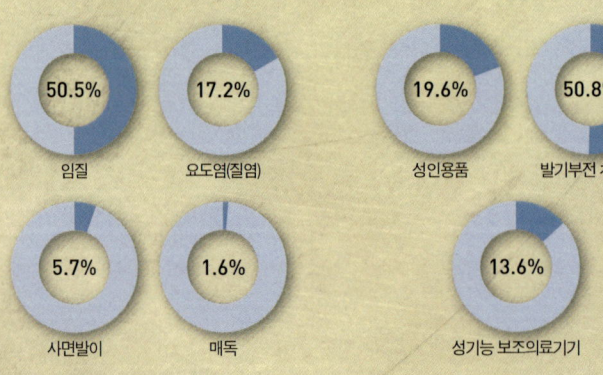

50.5% 임질
17.2% 요도염(질염)
19.6% 성인용품
50.8% 발기부전 치료제
5.7% 사면발이
1.6% 매독
13.6% 성기능 보조의료기기

출처: 브라보 마이 라이프, 보건복지부[노인 성생활 실태조사]

〈존경받는 노인이 되는 7가지 법칙〉

1. Clean Up

   나이 들수록 집과 환경을 모두 깨끗이 해야 한다.

2. Dress Up

   항상 용모를 단정히 하여 지저분하다는 소리를 듣지 않도록 해야 한다.

3. Shut Up

   말하기보다는 듣기를 많이 해야 한다. 노인의 장광설과 훈수는 대화의 분위기를 망치고 주변 사람들을 지치게 한다. 말 대신 박수를 많이 쳐주는 것이 환영받는 비결이다.

4. Show Up

   회의나 모임에 부지런히 참석하는 것이 좋다.

5. Cheer Up

   언제나 밝고 유쾌한 분위기를 유지하는 것이 좋다. 지혜롭고 활달한 노인은 주변을 활기차게 만든다.

6. Pay Up

   돈이든 일이든 자기 몫을 다해야 한다. 지갑은 열수록, 입은 닫을수록 대접을 받는다.

7. Give Up

   포기할 것은 과감하게 포기하라. 가장 중요하다.

1, 10, 100, 1,000, 10,000의 법칙

노년을 활기차게 보내는 법칙인 '1, 10, 100, 1,000, 10,000의 법칙'!

하루에 1가지씩 좋은 일을 하고, 하루에 10명의 사람을 만나고, 하루에 100자를 쓰고, 하루에 1,000자를 읽으며, 하루에 10,000보씩 걷는다면, 활기차고 건강한 노년을 보낼 수 있다!

제 3장

음지에 놓인
'노인의 성'

서울 탑골공원. 그곳엔 속칭 '박카스 아줌마'라고 불리는 노인 상대 성매매 여성들이 단속을 피해 영업 중이었다. 10분 전 그 중 한 여자의 제안을 거절한 70대 노인이 혀를 차며 이렇게 말했다.

"저 여자들 가방엔 술병하고 비아그라가 들었어. 그런데 그것도 가짜야."

대한민국은 현재 OECD 국가들 가운데 가장 빠른 추세로 노령화가 진행 중인 나라이다. 노인 인구 9.3%, 평균 수명 80세! 현재의 추세로 2022년엔 65세 이상 노인 인구가 전체 인구의 14%를 넘어, 본격적인 '고령사회'에 진입할 전망이다. 현재 명실상부한 고령화 사회인데도 여전히 우리 사회는 노년의 성을 인정하거나 지지할 준비가 돼 있지 않다. 이런 현실 속에서 노인의 성은 분출구를 찾지 못한 채 음지로 들어가고 있다.

종묘공원을 비롯해 노인들이 모이는 곳에는 어김없이 이른바 '박카스 아줌마'로 대표되는 불법 매매춘이 극성을 부린다. 그리고 더 큰 문제는 이런 불법 매매춘으로 인해 성병과 에이즈로 고통 받는 노인들이 늘고 있다는 점이다. 또한 성 욕구를 풀기 힘든 일부 노인에 의한 성범죄도 증가하고 있다.

1. 노인 성범죄의 심각성 증가

법무 연수원이 펴낸 『범죄백서』를 보면, 전체 강간 범죄자 중 61세 이상 노인 가해자가 차지하는 비율은 미미하지만 해마다 증가하는 추세이다. 실제로 국가청소년위원회에서 청소년 대상 성 범죄자의 신상을 공개한 결과를 보면, 최근까지 청소년 대상 성 범죄자 6,136명 중 338명이 60대 이상으로, 이는 5%가 넘는 비율이다. 노인 성폭력 가해자는 2008년 전국 710명에서 2011년 1,070명으로 증가했다. 그리고 성병 환자는 2006년 1만 713명에서 2010년 1만 7,265명으로 각각 늘었다. 또한 간통 범죄자 수 중에서 61세 이상 노인의 간통 범죄 비율은 2000년 0.9%에서 2010년에는 1.8%로, 두 배로 늘어났다.

많은 사람들이 노인은 성에 무관심하고 성관계가 가능하지 않다고 생각하지만, 많은 노인들이 성행위에 관심을 가지고 있으며 성욕을 해소하고자 한다. 그러나 배우자가 떠났거나 자식들이 부정적인 시선으로 아버지를 바라볼까 두려워 그 방안을 찾는 것이 쉽지만은 않다. 그 때문에 노인 관련 성범죄도 늘어나고 있다. 점차 노령화되는 우리 사회의 구조 자체가 성범죄 노인을 양산할 가능성을 안고 있다고 해도 과언이 아니다.

2. 노인의 성이 위험하다

1) 성매매

노인 성범죄 중 가장 많은 것은 성매매이다. 경찰청이 국회 보건복지위원회 안명옥 의원에게 제출한 '성매매 검거자 연령별 단속 현황'에 따르면, 성매매를 하다 검거된 60세 이상 노인이 2003년 407명에서 2006년 515명으로 증가했다. 특히 71세 이상 노인은 이 기간에 69.4%나 증가해, 오히려 나이가 들수록 성매매가 심각한 것으로 나타났다. 보건복지부에 따르면 노인 10명 중 7명이 성생활을 하는데, 상당수의 노인들은 '성'에 대한 사회적 편견을 피해 음지에서 성욕을 해결하고 있다. 싼 값에 무분별한 성매매가 일어나고 불법 비아그라와 보조 기구가 유통되면서, 노인의 성병 역시 무시할 수 없게 되었다.

(1) 박카스 아줌마

서울 탑골공원에는 평일에도 수백 명의 노인들이 모여 바둑을 두거나 이야기를 나누며 시간을 보낸다. 이곳에는 속칭 '박카스 아줌마'라고 불리는 여성들이 남성 노인들에게 다가간다. 이들은 노인을 대상으로 성매매를 하는 중·노년층 여성들로, 단속을 피해 영업 중이다. 2013년 『아시아경제』지가 조사한 결과에 따르면, 이곳에서 활동하는 '박카스 아줌마'에 대해 전체 응답자의 48.4%가 '들어본 적이 있으며, 무슨 일을 하는지도 안다'라고 답했다. 연령대별로 20대의 응답(33.%)이 가장 낮았으며, 30대가 41.2%, 40대가 56.3%, 50대가 56.0%, 60대가 58.5%로, 고 연령일수록 박카스 아줌마에 대해 알고 있었다.

  이로 인한 사회 문제를 해결하려면 '노년 남성의 성문제 해결을 위한 상담 프로그램을 제공해야 한다'(49%)라는 의견이 가장 많았다. 특히 60대 이상 남성들은 69.2%가 이같이 답해, 노인 성문제 상담 프로그램 확충의 필요성이 제기됐다. 또 '일종의 불법 성매매 행위이므로 법적 처벌을 해야 한다'(23.2%), '박카스 아줌마에게 적절한 일자리 제공을 해야 한다'(14.3%), '경찰이 보다 엄격하게 단속을 펼쳐야 한다'(13.2%)의 순으로 의견이 나왔다. 박카스 아줌마들은 고속도로에서 조를 짜 영업하기도 하고, 노인들이 많은 곳(공원, 산)에서 박카스 한 병과 함께 성을 판다. 문제는 성을 산 남성 노인이 성병에 감염될 수도 있다는 점이다. 또한 박카스 아줌마들 가운데 일부는 성 매수 노인 남성에게 돈을 빼앗기는 폭력을 당하기도 한다는 것이다.

종로 탑골·종묘공원 이미지(단위: %)

- 노인들만을 위한 아지트 같은 공간 — 62.7
- 노숙자들이 많아 지저분하거나 위험한 곳 — 12.4
- 과거와 현재가 공존하는 공간 — 9.3
- 낙후된 지역으로 변화가 필요한 공간 — 7.6
- 정감있고 사람 냄새 나는 곳 — 4.1
- 문화 행사·축제 등이 많이 열리는 곳 — 1.7
- 저렴한 먹거리가 많은 곳 — 1.6

'박카스 아줌마'에 대한 올바른 정부 대응은?(단위: %)

- 노년 남성의 성문제 해결을 위한 상담 프로그램 제공해야 — 49
- 불법 성매매 행위로 간주하고 법적 처벌해야 — 23.2
- 박카스 아줌마에 대한 일자리 제공해야 — 14.3
- 경찰의 엄격한 단속으로 활동 저지해야 — 13.2

오픈서베이·아시아경제 공동 설문(2013년 11월 19일),
서울·경기·인천 등 수도권 지역 거주 20세 이상 성인남녀 1000명 대상

공원에서 공공연히 일어나는 노인들의 불법 성매매를 근절하기 위해 경찰과 종로구는 2000년대 초 대대적인 박카스 아줌마 단속에 나섰다. 하지만 노인들의 불법 성매매 행태는 좀처럼 근절되지 않고 있다. 종묘광장 관리사무소의 불법 성매매 적발 건수도 2009년 34건, 2010년 54건, 2011년 132건으로, 줄어들지 않았다. 경찰 관계자는 "경제적으로 어렵고 나이도 많은 박카스 아줌마들은 다른 직업을 찾기 힘들어 단속에 쫓기면서도 끊임없이 공원에 나온다."라며 "단속만으로 해결될 문제가 아니다."라고 지적했다.

(2) 콜라텍

 서울 변두리 콜라텍(입장료를 내고 들어가 춤을 추는 곳)의 입구는 평일 오후인데도 입장하려는 60대들로 붐빈다. 콜라텍 안에는 수십 쌍의 노인들이 무대를 가득 메우고 트로트 음악에 맞춰 춤을 춘다. 수년째 이곳을 찾는다는 한 60대 노인 여성은 "춤 추러 온다기보다는 육체적인 만남을 바라고 오는 사람이 많다."라고 이곳에 온 이유를 솔직히 말한다. 손님들이 가장 많이 몰리는 시간이 지나자, 이곳에서 즉석 만남에 성공한 남녀들이 하나둘 콜라텍을 나가기 시작했다. 이곳에서 춤을 추다 서로 마음이 맞으면 술 한 잔 하러 나가고, 그러다 '짝'이 되는 경우가 많다. 여기서 말하는 '짝'이란 댄스 파트너를 넘어 성적인 관계를 맺는 파트너인 경우가 많다.

인구복지협회에서 7년간 노인 성상담을 해온 고금자 씨는 노인의 성적인 욕구 불만이 노인을 콜라텍으로 이끈다고 지적했다. "상담소에 가장 많이 걸려오는 전화는 노인들이 성 욕구를 해결할 수 없는 고통을 하소연하는 겁니다. 사회가 크게 변해서 성에 대한 개념이 남녀가 모두 바뀌었지만, 유독 우리 사회는 노인들에게만 성의 도덕적 잣대를 엄격하게 들이댑니다. 이런 이유로 노인들은 콜라텍을 찾거나 매춘의 유혹에 쉽게 빠지게 됩니다."

(3) 집창촌 출입

일부 노인은 집창촌에서 윤락 여성과 성관계를 갖기도 한다. 한때 서울 용산에 위치한 집창촌에 가면 여성과 성관계를 맺기 위해 홍등가를 기웃거리는 노인들을 어렵지 않게 만날 수 있었다. 그러나 이곳에서도 노인은 푸대접받는 손님이다. 해가 떨어지기 전부터 빨간 불을 밝히고 짙은 화장에 야한 옷차림으로 손님들을 기다리던 윤락 여성들은 노인에게는 호객 행위를 잘 하지 않는다. 윤락 여성들은 한 언론매체와의 인터뷰에서 얼굴을 찡그리며 "할아버지 손님들이 비아그라까지 먹고 오는 날에는 일진이 사납다."라고 말했다. 이처럼 윤락녀들에게조차 대접받지 못하고 외면 받는 노인들은 결국 싼 값에 성욕을 해결할 수 있는 '박카스 아줌마'를 찾는 경우가 많다.

　문제는 이런 성매매 여성과 관계를 맺은 상당수 노인들이 매독 등의 성병에 걸린다는 사실이다. 서울시가 작년 8월에 조사한 '종묘공원 이용 노인의 전염병 실태'에 따르면, 남성 고령자 561명 중 15명이 매독에 감염된 것으로 나타났다. 이는 감염률 2.67%로서, 종묘공원 이용 노인 100명 가운데 3명은 매독 감염자라는 것을 의미한다. 실제로 노인들이 매춘 행위를 하는 여관 근처의 약국에서는 항생제를 사가는 노인들이 많다고 한다. 또 인근 비뇨기과에도 하루 평균 5~6명의 노인들이 찾아와 성병 진단을 받는다고 한다.

(4) 한인 타운의 매춘

> 2014년 LA 한인 타운 인근의 노인 아파트 단지에 거주하고 있는 60대 한인 여성이 노인 아파트 관리자 측으로부터 경고 조치를 받았다. 이 아파트에 살고 있는 한인 노인들을 대상으로 성매매를 하고 있다는 의심을 받았기 때문이다. 그도 그럴 것이, 매일 새벽 다른 노인 남성들이 이 여성의 아파트에 출입하는 것이 보안용 CCTV에 촬영되었다. 아파트 관계자는 "해당 여성이 자신의 집에 출입한 노인들이 모두 자신의 남자 친구라고 주장해서 경찰에 신고하지는 않았다. 하지만 계속 이 아파트에 출입하는 사람들을 면밀히 주시하고 있다."라고 했다. 사실 한인 사회 내에서는 일부 한인 노인들 간에 성매매가 이뤄지고 있다는 소문이 있었다. 경제적·시간적 여유가 있는 한인 남성들을 대상으로 성관계를 맺고 50~60달러 선의 화대를 챙기는 신종 노인 대상 성매매라는 것이다. 노인 대상 성매매는 노인 아파트 거주자들 중 일부가 다른 거주자들을 상대로 행하고 있으며, 주로 인적이 드문 새벽 시간에 은밀히 거래가 이뤄진다.

노인의 성매매는 대부분 성매매 단속의 손길이 미치지 않는 곳에서 은밀히 이뤄진다. 또 노인들 사이에도 이에 대한 불법 의식이 거의 없기 때문에 더욱 문제가 되고 있다. 노인들 간 성매매 문제는 노인들의 소외된 생활을 보여주는 만큼, 이를 방지하기 위한 정부와 지역사회 차원의 대책이 필요하다. 노인들을 대상으로 한 성매매를 근절시키기 위해서는 성매매가 명백한 위법이라는 점을 널리 인식시키고, 이와 더불어 노인들의 여가 활동을 지원하고 문화적인 욕구를 충족시켜 줄 프로그램을 지속적으로 개발하는 것이 필요하다.

2) 성범죄

성범죄는 나이가 많아질수록 그 빈도가 더 많아지는 것으로 나타났다. 젊은 사람들은 성적인 욕구가 생겨도 언제든지 해결할 수 있고, 해결할 수 있는 곳이 많아서 범죄로 발전하는 일이 적다. 하지만 나이가 들수록 성적 욕구가 생기면, 이것이 마지막일 수 있다는 심리적인 박탈감 때문에, 잘잘못을 구분하지 못하고 성범죄를 저지르게 되는 경우가 많은 것으로 분석된다. 여기서는 사회적으로 충격을 주었던 몇몇 노인 성범죄 사례를 중심으로, 이것이 시사해 주는 바에 대해 논하겠다.

(1) 젊은 여성에 대한 성범죄

　전남 보성의 한 70대의 어부가 자신의 배에 탄 손님을 성추행하려다 여의치 않자 남녀 4명을 잔인하게 살해한 사건이 있었다. 어느 날 대학생 김 모(19)씨와 추 모(19, 여)씨는 보성으로 여행을 와 오 씨에게 배를 태워달라고 했다. 오 씨는 이들을 배에 태워 평소 고기를 잡던 어로 작업장으로 갔다. 그 후 오 씨는 한 시간가량 고기를 잡았고, 추 씨를 보자 성욕이 생겼다. 우선 오 씨는 어구 상자에 앉아 바다를 구경하던 남학생 김 씨를 바다에 밀어 넣었다. 갑자기 노인에게 떠밀려 바다에 빠진 김 씨는 다시 배에 올라오려 했고, 오 씨는 뾰족한 어구로 김 씨의 발목 등을 5차례 내리쳐 바다에 다시 빠뜨렸다. 그 후 배에 홀로 남겨진 추 씨를 성추행하려다 추 씨가 격렬하게 반항하자, 오 씨는 "같이 죽어라."라며 추 씨마저 바다로 빠뜨렸다.

　그 후 선착장으로 돌아온 오 씨는 잡아온 주꾸미 등을 시장에 팔며 여느 때와 다름없이 행동했다. 그리고 며칠 뒤, 고흥군 앞 해상에서 추 씨와 김 씨의 변사체가 차례로 발견됐다. 그 후 25일이 지난 뒤였다. 출항 준비를 하던 오 씨에게 다른 지역에서 여행 온 조 모(24)씨와 안 모(23)씨가 배를 태워달라고 부탁했다. 오 씨는 이들을 태우고 자신의 어장에 도착해 3시간가량 어로 작업을 했다. 그리고 돌아오는 길에 오 씨는 여성 1명의 몸을 만졌고, 이에 조 씨 등은 힘을 합쳐 반항하다 세 명이 모두 바다에 빠졌다. 여성 한 명은 바로 조류에 휩쓸려 떠내려갔고, 오 씨는 배에 올랐다. 이어 다른 여성 한 명이 배에 올라오려고 하자 오 씨는 또 어구를 휘둘러 여성을 바다에 빠뜨렸다. 두 여성은 며칠 뒤 보성 앞바다에서 시신으로 발견됐다. 키 165cm의 70대 노인이 성욕에 눈이 멀어 망망대해에서 젊은이 네 명을 성추행하고 살해한 사건이었다.

이처럼 한 70대 노인의 잔혹한 범행은 성욕을 다스리지 못한 것에서 시작됐다. 손자손녀를 열 명이나 둔 칠순의 노인이지만, 여성을 보면 욕구가 생기는 남자였던 것이다. 이 같은 끔찍한 사건을 접한 뒤 많은 사람들이 먼저 하는 생각은 '노인네가 주책없게 무슨 성추행이냐'라는 것이었다. 젊은 남자도 아니고 노인이 성욕이 일어나 사람을 해친 것은 우리 사회의 통념상 벌어지기 힘든 일인 탓이다. 젊은 여성을 보고 성욕을 느끼는 것이 본능이라 할지라도, 오 씨의 범행은 있을 수 없는 중범죄이다.

(2) 가정 내의 성범죄

71세 노인이 손녀뻘인 열두 살 중국 동포 소녀를 입양해 2년여 동안 140여 차례나 성폭행을 해온 사건이 있었다. 노인은 소녀가 임신을 두려워하면서 완강히 거부하자, "임신하면 안 한다."라는 내용의 각서까지 써주며 안심시킨 뒤 성폭행을 계속할 만큼 '악질적 행위'를 했다.

부산에서는 시아버지가 며느리를 13년간 성폭행하는 '패륜적' 사건도 있었다. 시아버지가 며느리를 강간하는 사건은 자주 일어남에도 불구하고, 공론화될 경우 가정 파괴가 초래되기 때문에 묵인되는 경우가 많다.

손녀에게 성폭력과 성추행을 저지르는 할아버지도 있다. 집에서 혼자 집을 보는 할아버지들에게 자녀들이 손녀를 맡기면, 판단력을 상실한 노인은 손녀를 여자로 보게 되고, 이로 인해 성추행이나 성폭력을 자행하게 된다는 것이다.

지금까지 나타난 노인 성범죄를 종합해 보면, 피해자 가운데 어린이와 정신지체 장애자 혹은 신체 장애자, 노약자가 많은 부분을 차지한다. 노인들은 자신의 체력으로도 쉽게 제압할 수 있는 상대를 골라 범행을 저지르는 특징이 있다. 하지만 때로는 자신보다 건강하거나 젊은 여성을 상대로도 성범죄를 저지른다. 실제로 성범죄를 일으킨 노인들을 보면 일부 노인들은 매우 건강해서, 웬만한 젊은이들보다 힘이 강한 것으로 나타났다.

소외감·상실감이 성범죄로 표현되는 경우도 적지 않다. 또한 노인 성 범죄자에게는 고령이라는 이유로 가해자에게 낮은 처벌을 하는 경우가 많다. 하지만 이것은 노인 성 범죄자에게 노인 성 문제는 사회적으로 쉽게 봐준다는 의미로 비춰질 수 있다. 성범죄를 일으킨 노인 가해자들은 자신의 범죄에 대해 잘못을 인식하지 못하는 경우가 많다. 실제로 노인 성 범죄자 중에는 "나는 늙어서 발기도 안 되는데…." 내지는 "늙어서 내가 무슨 힘이 있다고…"하면서 자신의 결백을 주장하거나 동정을 요구하는 경우가 많다고 한다. 그러나 노인 성범죄가 점점 더 악질적인 양상을 띠면서 빠른 속도로 증가하고 있는 추세여서 법의 처벌도 예전에 비해 강도가 높아지고 있다.

(3) 여성 노인에 대한 성범죄

여성 노인도 성범죄의 피해자가 되기도 한다. 이들의 경우 너무 수치스러울 뿐만 아니라 할머니가 그런 일을 당했다고 하면 믿어 주지도 않아, 아무 말도 못 하고 속앓이만 하는 경우가 많다.

경기도의 A 요양원에서 지내는 김 모 할머니(63)는 요양원 총무 김 모 씨(48)에게서 지난해 11월부터 9개월간 70여 차례나 성폭행 당했다. 하지만 신고하지 못했다. 할머니는 가족 없이 기초생활 수급비 45만 원을 받아 생활하고 있었고, 할머니에게 A 요양원은 월 15만 원에 숙식을 해결할 수 있는 유일한 곳이었다. 할머니는 "신고하면 원장님이 날 쫓아낼까봐 두려웠다."라고 말했다. 요양원 총무의 범행은 할머니의 하소연을 전해들은 요양원 여직원이 수사 기관에 제보하고 나서야 끝났다.

파지를 주워 생계를 유지하는 김정자(가명) 할머니는 지난해 자산 조사를 한다며 접근한 사회복지사로부터 강간을 당했다. 김 할머니의 딸은 "70대인 엄마는 일을 크게 만들지 말라며 조용히 하라고 한다. 동네에 소문날 것이 무서워 묻어버리고 싶은 마음이 크신 듯하다. 하지만 너무 억울해 고소하고 싶다."라며 한국여성의전화에 상담을 의뢰했다.

여성 노인들도 성폭력 피해에 노출되어 있다. 경찰 자료에 따르면, 60세 이상 노인의 성폭력 피해 건수는 2009년에 244건, 2010년에 276건, 2011년에 324건으로, 해마다 꾸준히 증가하고 있다. 하지만 사회의 무관심 속에 피해자로서 보호받지 못하고, 심지어 성폭력 피해 사실에 대해 인정조차 못 받는 경우도 허다하다. 노인 성폭력은 평소 안면이 있는 사람에 의해서, 혹은 혼자 있는 시간대에 주로 일어난다는 점은 다른 성폭력과 비슷하다. 하지만 음주 상태에서 발생하는 경우가 거의 없고 지속적으로 자행된다는 점에서 치밀하게 계획된 범죄가 많다.

특히 독거노인이 주 피해자로서 집에서 공격당하는 비율이 높았다. 남편이나 아들, 친족이 가해자인 경우도 적지 않으며, 농촌 지역 독거 여성 노인들의 피해가 크다. 전문가들은 나이 든 여성의 섹슈얼리티가 인정되지 않는 사회 편견이 여성 노인을 성폭력의 사각지대로 내몰고 있다고 지적했다. 신상희 한국여성의전화 인권정책 팀장은 "여성 노인들은 신체적으로 유약하고 도주가 불가능해 손쉬운 표적이 되기 쉽다. 또 신고 가능성이 낮다고 예측되기 때문에 가해자에게 더 매력적인 범죄 대상자"라고 지적했다.

3) 성병

(1) 증가하고 있는 노인의 성병

에이즈 감염자는 2001~2010년 사이 전국적으로 2.4%가 증가했으나, 60세 노인 감염자는 같은 시기에 3.8배가 증가하여, 전체 감염자의 10%를 웃돌았다. 성생활을 하고 있는 노인 중 성병에 감염된 적이 있다고 답한 비율은 36.9%(122명)에 달했다. 질환별로는 임질이 50.0%(61명), 요도염(질염)이 17.2%(21명), 사면발이가 5.7%(7명), 매독이 1.6%(2명) 등의 순이었다. 성병의 종류를 알지 못하는 경우도 15.6%(19명)에 달했다.

또 질병관리본부의 성병 진료자 현황을 분석한 결과에 따르면, 65세 이상 노인 인구의 진료 건수는 2007년 4만 4,000건에서 지난해 6만 4,000건으로, 2만 여 건(43%) 급증한 것으로 나타났다. 노인 성병 가운데 요도염 및 요도증후군이 가장 많았고, 단순 헤르페스 감염이 뒤를 이었다. 이는 부부간의 정상적인 성관계로는 잘 걸리지 않는다. 그런데 노인들이 성병에 걸렸다는 것은 그만큼 몸을 파는 직업여성들과 성관계를 가졌기 때문이라고 해석할 수 있다.

종묘공원에서 활동하는 성매매 여성들은 집창촌, 안마소 등에서 일하는 여성들이 정기적으로 받는 성병 검사를 받지 않기 때문에, 성병에 걸려도 치료를 받지 않았을 확률이 매우 높다. 거기다 노인 남성들 중에는 "이 나이에 무슨 껍질이냐?"라며 콘돔을 사용하지 않으려는 경향이 많아 성병 감염에 노출된 경우가 많다. 실제로 보건복지부가 2012년에 서울·경기 지역 65세 이상 노인 500명을 대상으로 조사한 '노인의 성생활 실태조사' 응답자 중 최소 35.4%는 성매매 경험이 있고, 그 중 44.7%는 성매매 시 콘돔을 전혀 사용하지 않는다고 응답했다. 게다가 성매매가 주로 이뤄지는 쪽방은 목욕시설조차 갖춰지지 않은 경우가 대부분이라 위생상의 문제도 도사리고 있다.

이처럼 적지 않은 노인들은 '죽어도 좋아'란 각오로 돈을 주면서까지 여성과 성관계를 맺으려 하고 있다. 성욕구의 올바른 해소와 성병의 위험성 및 성병 예방에 관한 교육이 시급하다.

(2) 노인층의 성교육 필요성

노인층의 성병 감염, 성범죄 등 성과 관련한 문제들이 날로 늘어나고 있어서 노인 대상 성교육이 필요하다. 한 통계자료에 의하면, 남성 노인의 84%가 젊었을 때 친구나 주변 사람들에게서 성에 대한 지식을 얻었다고 대답해, 그들이 성에 대해 제대로 된 지식을 갖고 있지 못하다는 것을 알 수 있다. 성인인 노인들이 청소년들과 똑같은 성교육을 받을 필요는 없다. 하지만 노년의 성이 삶의 질과 밀접한 관계에 있다는 점에서, 성에 대한 올바른 인식을 심어주고 치료에 대해 알려주며, 안전한 성관계를 교육하는 것이 더욱 중요해졌다. 특히 노인들은 경제력이 없는 경우가 많아 성 문제로 병원을 찾는 경우는 일부에 불과하다. 노인들의 건강과 삶의 질을 위해 노인 성교육은 꼭 필요한 일이 되었다.

4) 불법 의료 시술

보건복지부가 2012년 6월부터 12월까지 서울·경기 지역 65세 이상 노인 500명을 대상으로 조사하여 발표한 '노인의 성생활 실태조사'를 보면, 성기능 강화를 위해 약품이나 의료기기 등을 사용해 본 노인이 많은 것으로 나타났다. 특히 성생활을 하고 있다고 응답한 노인 중 50.8%는 발기부전 치료제를 사용해 봤다고 응답했다. 2명 중 1명꼴이다. 구입 이유는 '성기능 향상'이 55.0%(94명), '호기심'이 23.4%(40명), '발기부전 치료'가 19.9%(34명) 등으로, 발기부전이 아닌데도 '성기능 향상'을 목적으로 구입한 경우가 많았다. 뿐만 아니라 성인용품과 성기능 보조 의료기기 구입 경험은 각각 19.6%와 13.6%로 나타났다.

이 중 무허가 의료기기를 구입했다는 비율은 31.1%에 달했고 부작용을 경험한 경우도 57.1%에 달하는 등, 문제가 많은 것으로 드러났다.

> 노인을 위한 무료 진료실에서 일하는 한 의료인은 불법 의료시술 때문에 고민인 노인을 만나게 되었다. 백발의 노인은 평소 복용하던 혈압 약을 처방받기 위해 내원했다가 조금 망설인 후 고민을 이야기했다. 그 노인은 3년 전에 음경에 바셀린을 주사했는데, 요즘 음경에 통증이 있다는 것이었다. 진찰 결과, 바셀린 자가 주사 때문에 음경의 피부 일부에 괴사가 일어나고 있었다. 일부 남성들 중에는 성적 호기심이 왕성한 젊은 시기에 음경에 바셀린이나 파라핀을 주사하는 경우가 있다. 하지만 시간이 지나면서 피부가 괴사를 일으키고, 결국에는 해당 부위를 절제해야 한다. 어떤 경우에는 피부 이식이 필요한 대수술을 해야만 한다.

노인 중에는 성적인 능력이 감퇴되어, 혹은 성에 대한 관심이 더욱 높아져 성 능력을 향상시키기 위한 시술을 하는 경우가 종종 있다. 그런데 나이 들어 성에 관심을 갖는 것이 부끄러워서 정식 의료기관이 아닌 불법시술을 하는 경우가 많다. 뿐만 아니라, 병원에 가는 것이 부끄러워 불법 유통되는 가짜 비아그라를 복용하는 경우도 많다. 성에 대해 관심을 갖는 데 대한 부끄러움이 오히려 병을 부르는 경우가 생기곤 하는 것이다. 불법 의료시술과 불법 약물 복용은 노인의 건강에 매우 큰 위험 요소가 될 수 있다.

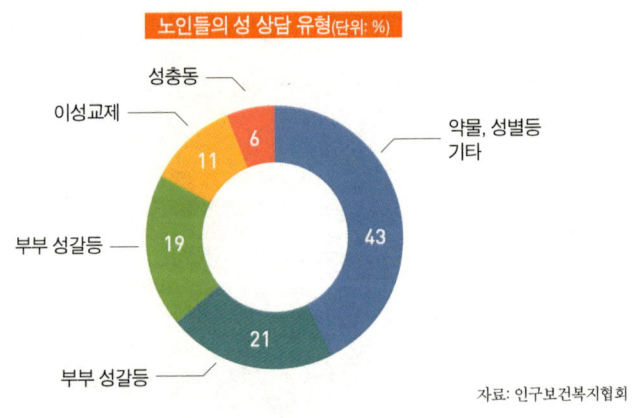

자료: 인구보건복지협회

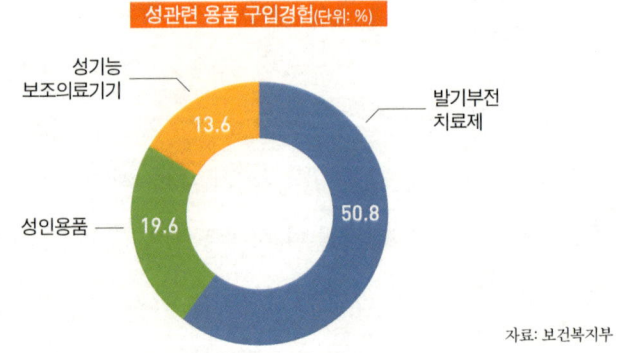

자료: 보건복지부

5) 불법 약물 복용

20세기 말에 생산된 비아그라는 성기능 질환 치료에 일대 혁명을 일으킨 약으로 평가된다. 부끄러운 일로만 여겨지던 성기능 장애에 대한 인식을 바꾸고 심장질환 예방에도 기여했다. 그러나 비아그라는 제품 자체가 진품이라 해도, 의사의 처방 없이 구입해서도 안 되며 먹어서도 안 된다. 그러나 일부 남성 노인들은 의사의 처방도 없이 비공식적인 방법으로 손쉽게 구입하고 싶어 한다. 호기심에 이런 약을 사서 무작정 먹었다가 부작용을 경험하기도 한다. 비아그라는 진품이라고 해도 사람에 따라서 두통이나 소화불량 같은 부작용을 일으킨다. 하물며 진품 여부는커녕 그속에 어떤 나쁜 화학 성분이 들어 있는지도 모르는 것을 구입해서 먹었다가는 어떤 피해를 볼지 모른다.

그런데 이것을 먹고 부작용을 호소하는 노인이 늘어나고 있다. 종로3가역 근처 한 비뇨기과 원장은 "성병은 치료가 가능한 경우가 많지만, 종묘 광장공원 일대 좌판에서나 박카스 아줌마들이 파는 가짜 발기부전 치료제를 잘못 먹으면 돌이킬 수 없는 신체 손상을 가져올 수 있다."라고 우려한다. 도시뿐만이 아니다. 요즘에는 가짜 비아그라가 농촌 재래시장까지 밀고 들어와 아무것도 모르는 농민들을 유혹하고 있다.

> 남성 노인들은 비아그라를 처방받으면 사회복지관에 와서 자랑을 하곤 한다. 놀라운 건 90대 노인도 비아그라를 애타게 찾는다는 점이다. 결론적으로 말하면, 90대 노인들도 은밀하게 성생활을 즐긴다는 것이다. 마음에 드는 노인끼리 여관에 들어가 '원나잇'을 즐기는 경우도 있다. 한 노인 주거 복지시설(실버타운)에 있는 노인의 이야기이다. 아내와 사별한 후 둘째 아들 내외와 함께 사는 80세의 A씨는 교회에서 알게 된 78세 할머니와 가끔 만나는 사이인데, 하루는 둘째 아들이 정색을 하면서 말했다. "아버지, 비아그라가 필요하면 저한테 말씀하세요. 요즘 가짜 비아그라가 많아서 잘못 쓰면 큰일 난대요. 그리고 할머니와 관계를 할 때는 꼭 할머니의 의사를 먼저 물어보셔야 해요." A씨는 둘째 아들의 말을 듣고 눈물이 핑 돌았다고 한다. 큰아들 부부가 매사에 자신을 가르치려 드는 건 너무 가소로웠는데, 둘째 아들이 해주는 성교육은 고맙기도 하고 비아그라처럼 힘이 났다고 했다.

제4장

양지로 나오는 '노인의 성'

법적으로 남남이지만 김 할아버지와 이 할머니는 노인복지관에서 부부 사이로 통한다. 어쩌다 한 사람이 보이지 않으면 다른 할아버지나 할머니가 "마나님은 어쨌어요?", "신랑은 어디에 떼어놓고 다니누?"라고 놀린다. 그래도 김 할아버지와 이 할머니는 행복하기만 하다.

배우자가 일찍 세상을 떠나서, 또는 자식들 보기가 부끄러워서 성적 활동을 감추고 사는 노인들이 많다. 이런 노인들은 성욕을 해소하기 위해 음지로 파고드는 경우가 많다. 그리고 그 결과 성병 감염과 같은 위험한 대가를 치러야 하기도 한다. 고령화 사회에서 이것은 심각한 사회 문제가 될 가능성이 크다. 외로움에 지쳐, 신체의 욕구를 거스르지 못해, 성병에 감염될 것을 감수하고서라도 낯선 여인과의 동침을 위해 쪽방으로, 윤락촌으로 들어가는 노인들을 계속 못 본 척하는 것은 바람직하지 않다. 성 본능과 성 능력이 있는 노인들에게 무엇보다 필요한 것은, '노인들의 성'을 있는 그대로 받아들이고, 그네들의 성문화를 인정해 주는 사회 전반의 인식 전환일 것이다. 이 같은 인식이 사회적으로 점점 확산되어 가면서 노인들의 건전한 만남을 위한 행사가 열리고 있다. 아직 많이 활성화되지는 않았지만, 이 장에서는 최근에 개최된 여러 행사들을 소개하고자 한다.

1. 경기도 노인 성문화 축제

2013년 12월 17일 경기도는 의정부 경기도 북부 청사 대강당에서 '경기도 노인 성문화 축제'를 개최했다. 노인을 대상으로 한 성문화 축제는 처음 개최된 것으로서 그간 쉬쉬하던 노인의 성문화를 지자체가 직접 양지로 끌어낸 시도라 할 수 있다. 노인의 성에 대한 부정적인 사회 인식에 도전하는 일이자 우리 사회가 더욱 개방적으로 변하는 첫 움직임이기도 하다는 데 의미가 있다.

이 행사는 건강 존(zone), 성 체험 존, 자기관리 존 등 3개 존 10개 부스에서 건강검진, 비뇨기과, 한방 진료, 노년기 성 인식 조사, 성 변화, 양성 평등 퀴즈 및 성상담, 메이크업, 네일아트, 사진촬영 등의 다양한 체험 행사로 진행되었다. 또 우수 노인 동아리 공연과 노년기의 건전한 성문화를 주제로 한 특강도 열렸다. 김희겸 경기도 행정2부 지사는 "향후 2020년대엔 인구 5명 중 1명이 65세 이상이 될 것"이라며, 고령사회에서는 노인들의 활기찬 사회 참여가 필요하다고 말했다. 강당에서 열린 행사에만도 400명이 넘는 노인들이 다녀갔다. 고양에서 온 72세의 한 노인은 "재미도 있었지만 성에 대해 당당해질 필요도 있겠다는 생각이 들었다."라고 소감을 말했다. 노인의 성에 대해 아직 보수적인 사회 분위기 속에서, 지방자치단체 스스로 이런 행사를 마련했다는 것만으로도 큰 의미가 있다고 하겠다.

▲ 경기도 노인 성문화 축제에서 우수 노인 동아리가 공연을 펼치고 있다.

2. 부천 은빛세상 페스티벌

2013년 5월 30일 오후 1시 부천 메리트 관광 나이트 7층에서는 부천시 오정노인복지관의 주최로 '제9회 부천 은빛세상 페스티벌'이 개최되었다. 부천 은빛세상 페스티벌은 부천 노인들의 긍정적 여가 문화를 이끌어 온 건강한 행사이다. 2005년부터 시작되어 2013년에는 벌써 아홉 번째 행사를 치렀다. 이번 행사는 노인의 건강한 여가를 권장하는 의미에서 '댄싱, 위드 더 청춘'이라는 주제로 열렸다. 팝콘 어린이 공연단의 오프닝 공연을 시작으로 노인 연극단 '뜨는 해'의 거창 실버연극제 시상식, 김종한 총학생위원장의 개회선언, 건강 스트레칭, 추억의 영상 상영과 트위스트, 디스코 배우기, 연예인 황기순의 특별 공연, 단체 댄스 퍼포먼스 강남스타일 등으로 1000여 명의 노인들이 즐거운 시간을 보냈다. 부천 은빛세상 페스티벌은 노인들을 위한 일회성 행사가 아니라, 매년 개최되고 있는 노인들의 '여가의 장'이다. 건전한 레크리에이션 활동과 함께 자연스럽게 노인들 간의 만남을 유도하고 있다.

3. 결혼정보 회사의 이벤트

2003년 어버이날을 맞아 결혼정보 회사 '선우'는 '65세 이상의 홀로된 어르신 200명의 효도 미팅 이벤트'를 열었다. 2년 전 같은 행사에서 만나 2년의 연애 끝에 결혼에 골인한 노인 1쌍의 결혼식이 이 날 있었고, 또 다른 '성공사례'를 만들기 위한 다채로운 프로그램이 흥미롭게 진행됐다. 이는 젊은이들의 미팅과 흡사했다. 선우의 이웅진 대표는 "최근 노인들의 요청이 빗발쳐 1년에 한 번 하던 행사를 앞으로 매달 하는 방안을 검토 중"이라고 말했다. 미팅 이벤트에 참여한 할머니들은 예쁜 귀고리와 머리핀으로 치장하고, 할아버지들은 말쑥한 양복을 차려입고 나왔다. 효도 미팅 이벤트에 참여한 노인들은 사별이나 이혼 등으로 홀몸이 된 지 오래인 노인들이 많다고 한다. 황혼의 삶을 함께할 동반자를 찾거나 진실한 말동무를 만나고자 나오는 노인들이 많다고 한다.

4. 인구보건복지협회의 노인 미팅

2010년 10월 8일, 인구보건복지협회에서는 제1회 '노인 미팅'을 주최했다. 미팅에는 25명의 노인이 참여해 즐거운 시간을 보냈다. 행사 담당자들은 노인들의 반응에 대해 '가히 폭발적'이라고 했다. "노인 분들도 젊은 사람들과 똑같으세요. 다들 화사하게 꾸미고 나오셔서, 소위 말하는 '밀당(밀고 당기기)'을 하기도 하세요. 그리고 이런 기회를 줘서 고맙다고도 말씀하셨고요." 미팅 담당자들은 자식이나 동성 친구가 채울 수 없는, 오직 이성 친구만이 채워 줄 수 있는 영역이 엄연히 존재한다고 말했다. 따라서 행복한 노년을 보내는 데에는 이성 친구가 큰 도움이 될 것이다. 앞으로 국가적인 차원에서도 노인들끼리의 만남을 독려할 필요가 있다는 것이 상담사들의 생각이다.

보건복지부는 인구보건복지협회를 통해 늘그막에 홀로된 남녀 노인을 서로 만나게 해주는 '황혼 미팅'을 활성화하기로 했다. 이와 함께 황혼의 부부 갈등을 예방하기 위해 '부부 교육'이라는 가이드북도 만들었다. 노인도 가끔씩 정열적이던 청년기의 사랑이 그리워지는 법이다. 복지부는 노인의 건강하고 안전한 성생활을 지원하는 상담·교육 사업을 강화하기로 했다. 이를 위해 황혼 미팅, 노인의 성 이해 가이드북 제작, 부부 교육, 순회 성교육·성상담을 실시하고 있다.

5. 사회복지관

노인들의 수가 늘어나면서 노인들을 위한 공간도 예전에 비해 많이 늘어나고 있다. 갈 곳이 없어 노인정, 복덕방 혹은 기원이나 공원 같은 장소를 배회해야 했던 노인들은 이제 갈 곳이 더 많아졌다. 의학의 발달로 건강한 꽃노년들의 문화 활동은 날이 갈수록 다양해지고 있다. 동시에 연애 사업도 만개했다. 노인들의 사랑이 꽃피는 장소 가운데 하나는 사회복지관이다. 노인들이 사회복지관에 모이는 이유는 다른 곳보다 동년배가 많고, 노년층 맞춤형 프로그램과 의료시설, 문화시설, 건강시설이 잘 갖춰져 있기 때문이다.

그리고 65세 이상 노인들에게 주어지는 사회복지 혜택인 대중교통 무임승차는 노인들에게 또 다른 축복이다. 아침 시간 지하철 1호선은 노인들로 붐빌 때가 많다. 천안, 춘천 등 노인들은 가고 싶은 곳 어디든 갈 수 있다. 미리 다른 지역의 축제나 이벤트 정보를 알아내 나들이를 가는 것이 요즘 노인들의 추세이다. 이러한 장거리 축제 나들이는 대부분 짝을 지어 간다.

사회복지관에는 노인들의 건강을 위한 의무실이 있는데, 여기에 유별난 처방전을 받으러 오는 노인들이 종종 있다고 한다. 바로 발기부전 촉진제 처방전이다. 이들은 본래 심장질환 혈관 치료제로 개발된 약의 용도에 맞게 병명을 그럴듯하게 대고는 "비아그라를 처방해 줘요."라고 당당하게 말한다.

6. 노인 복지센터

현재 전국 각 지자체마다 노인 복지센터를 운영하고 있는데, 이곳의 각종 프로그램을 통해 노인들은 자연스레 이성과의 만남의 기회를 갖고 있다. 노인에 대한 편견과 주변의 눈치 때문에 황혼기를 외롭고 지루하게 보내는 노인도 많다. 하지만 성과 사랑, 자기만의 취미 생활을 통해 황혼기를 즐겁게 보내려는 노인도 많이 늘어나고 있다.

서울의 한 노인 복지센터 안에는 많은 할아버지 할머니들 속에 유독 눈에 띄는 커플이 있다. 김 모 씨(80, 남)와 이 모 씨(75, 여)이다. 행여 떨어질세라 두 손을 꼭 맞잡은 채 무언가 재미있는 이야기를 속삭이는 모습이 한창 사랑에 빠진 젊은 연인의 그것과 다를 게 없다. 법적으로 남남이지만 이들은 이곳에서 부부 사이로 통한다. 어쩌다 한 사람이 보이지 않으면 다른 할아버지나 할머니들로부터 "마나님은 어쨌어요?", "신랑은 어디에 떼어놓고 다니누?"라는 놀림을 받지만 그래도 이들은 개의치 않는다. 각자 배우자와 사별 후 오랫동안 홀로 살아온 두 사람이 급속도로 가까워진 것은 지난해 4월부터이다. 할아버지가 한눈에 할머니에게 반해 편지를 건네면서 연애가 시작됐다. 할머니는 "전 남편이 군인이었는데 저이도 대령 출신이어서

친근감이 들었다."라며 "소극적인 성격이던 남편과 달리 박력이 넘쳐 마음에 들었다."라고 말했다. 할머니는 수전증이 있는 할아버지를 위해 매일 도시락을 싸가지고 센터에 오고, 할아버지는 늘 할머니보다 먼저 나와 지하철역 앞에서 할머니를 기다린다. 이 센터 관계자는 "할머니가 행여 다른 할아버지에게 친절하게 대하기라도 하면 할아버지가 크게 질투하신다."라고 귀띔했다.

회원이 3,000여 명에 이르는 이 센터의 상당수 노인이 사랑과 성에 대해 젊은이 못지않은 갈망을 갖고 있다. 5년 전 남편이 세상을 떠난 뒤 아들 내외와 살고 있는 박 모 씨(75, 여)는 남자친구를 가족들에게 공개할 예정이다. 40년 전 부인과 사별한 정 모 씨(86) 역시 결혼까지는 아니어도 서로 말동무라도 할 수 있는 사람을 찾고 있었다. 이들은 한결같이 "사랑과 성에 대한 욕망은 죽을 때까지 변함없는 인간의 본능"이라고 강조했다. 육체가 나이를 먹었다고 해서 이성을 향한 설레는 마음까지 나이를 먹는 것은 아니라는 것이다.

▲ 인천 노인복지 회관의 행사에서 즐거운 시간을 보내고 있는 노인들

제 5 장

성에 대해 이야기할 상담사가 필요하다

"발기부전 치료제를 복용 중인데 효과가 없는 것 같아요. 친구 말로는 보조기구가 좋다고 하는데 얼마나 효과적인지, 몸에 이상이 없는지 궁금해요."(71세, 남)

"사별한 후 20년간 혼자 살았는데 작년부터 갑자기 성욕을 느껴요. 이 나이에 이런 일이 생기는 게 신기하기도 하고…. 남자친구가 생겼으면 해요."(69세, 여)

-인구보건복지협회 성 상담실에 접수된
노인 성상담 사례 중-

고령화와 의학 발달로 수명이 늘어나면서 '노인의 성'에 대한 공론화 필요성이 대두되고 있다. 지난해 인구보건복지협회에서 시행한 노인 성상담 사례를 분석한 결과 노인들의 고민 유형은 성기능(21%), 부부 간 성 갈등(19%), 이성교제(11%), 성충동(6%), 약물·성병 등 기타(43%) 등으로 다양하게 나타났다. 전국에 있는 인구복지협회 성상담소로 걸려오는 고민 전화는 연간 1천여 건이다. 상담 내용도 노인들의 이성교제, 성병 감염, 성 능력 감소 등 다양하다. 인구복지협회에서 7년간 노인 성상담을 해온 고금자 씨는 "15세 청소년이나 75세 노인이나 상담 내용은 크게 다르지 않다."라면서, "노인들의 성생활에 대해 자연스러운 욕구를 추구하는 한 인간의 모습으로 바라봐야 한다."라고 지적했다.

대한가족보건복지협회는 전국에 산재한 9개 지회의 재가 노인 복지시설을 이용하는 노인 429명을 대상으로 2005년 7월 15일부터 약 1개월 동안 '노인들의 성'에 대한 실태조사를 벌인 바 있다. 이 설문조사 결과에 의하면, 남성 노인의 72.4%가, 여성 노인의 48.6%가 노인 성상담·성교육 전문가의 도움을 원하는 것으로 나타났다. 즉 남녀를 불문하고 상당수의 노인들이 성과 관련한 전문 상담을 원하고 있는 것이다. 이 장에서는 우선 노인 성 상담사가 갖추어야 할 자질과 상담 자세에 대해 살펴본 뒤, 실제로 노인 성 상담실에서 빈번하게 일어나고 있는 노인의 성상담 사례를 살펴보도록 한다.

1. 노인 성 상담사의 자질과 상담 자세

최근에는 노인을 대상으로 한 성 상담실이 곳곳에 개설되고 전문 상담사의 양성도 활발해지고 있다. 노인 성 상담사는 '노인'과 '성', 나아가 '노인의 성'에 대한 특수성을 잘 이해하고 올바른 가치관과 균형 잡힌 시각을 갖고 있어야 한다. 또 내담자인 노인을 이해하고 배려하는 태도로 성실하게 상담에 임해야 한다. 우선 노인들의 성 갈등 조정을 위한 상담에서 상담자가 알아야 할 일반적 지침은 다음과 같다.

1) 노인에 대한 잘못된 믿음을 점검한다

블록(Block, 1999)이 제시한 50대 이상의 성생활에 관한 오해는 다음과 같다.

(1) 나이가 듦에 따라 성생활의 질은 남녀 모두에서 저하된다.
(2) 여성이 충분히 질 윤활이 안 되거나 남성이 즉시 발기되지 않는다면 흥분이 되지 않는 것이다.
(3) 발기 문제는 불가피한 것이며, 의학적 개입 없이는 치유가 불가능하다.

(4) 여성의 성적 욕망은 폐경 이후 급격히 감소한다.
(5) 일단 남성이 아내를 진지하게 쳐다보는데도 흥분이 되지 않는다면, 그 사람은 성생활에 큰 지장을 겪을 것이다.
(6) 남성은 10대가 최 정점이다.
(7) 여성은 30대가 최 정점이다.
(8) 젊은이들이 느끼는 성 극치감이 더 강렬하다.
(9) 심근계 질병을 가진 남성과 여성은 성행위를 피해야 한다.
(10) 성행위는 성 극치감을 느껴야 비로소 이루어지는 것이다.
(11) 구강성교는 젊은 층에서만 하는 것이다.
(12) 삽입성교만이 성교의 영역에 포함된다. 다른 것은 '성교'라고 할 수 없다.

우리나라 상담가들 역시 노인들의 성에 대한 편견이 있으며, 이는 사회적·문화적 요인들로 인해 강화된다.

2) 상담자 자신이 가지고 있는 성에 대한 이해를 파악한다

성상담을 하기 위해서 상담자는 자신이 가지고 있는 성에 대한 생각을 파악해야 한다. 성에 대한 상담자의 가치 이해는 성상담에 있어서 중요한 요소이다. 맥도날드와 하니(Mcdonald &

Haney, 2003)는 상담자가 가지고 있는 성의 가치에 대해 상담자의 성에 대한 평가항목을 제시하고, 상담자가 가지고 있는 가치가 어떠한가에 따라 성상담의 내용과 결과가 달라질 수 있다는 점을 밝히고 있다.

(1) 구강성교
(2) 상담자의 의사와 성에 대해서 논의하는 것
(3) 상담자의 성적 파트너와 성에 대해 의논하는 것
(4) 항문성교
(5) 호모섹스
(6) 누가 성에 주도권을 가져야 하는가?
(7) 상담자가 성관계를 도덕적이고 적절한 것으로 간주하는 기준(상담자 자신에 대한 것, 다른 사람에 대한 것)
(8) 근친상간

3) 상담자 자신의 세계관·여성차별주의·가부장주의를 점검한다

상담자는 자신이 남성 중심적 사고를 갖고 있지 않은지, 무의식적으로라도 여성차별 주의에 젖어 있지는 않은지 스스로

돌이켜보아야 한다. 가정 내 남성 배우자의 강압적 행동이나 폭력을 정당화하는 가부장 주의에 은연중에라도 동조하고 있지는 않은지 점검해야 한다. 상담자는 남성 배우자의 폭력을 정당화하거나 여성의 존재 이유를 정서적·직업적·성적 필요 충족 조건으로 여기고 있지는 않는가를 스스로 살펴보아야 한다.

4) 노인 상담의 기본 모델에 충실히 한다

노인 부부의 문제는 오랜 결혼생활 동안 누적된 감정에 의한 것이 많다. 따라서 노인 부부의 문제 해결에는 부부 서로간의 노력이 필요하다. 우리 문화는 자신의 문제를 타인에게 쉽게 이야기하지 않으며, 자신의 감정을 드러내 보이는 것을 꺼린다. 특히 나이가 많은 사람이 자기보다 어린 남에게 자신의 개인적인 약점을 드러내는 것을 수치스럽게 여긴다. 그것이 성에 대한 문제일 경우 더욱 그러하다. 따라서 노인 성 상담자는 다른 상담에서보다 내담자에 대한 더 많은 세심한 배려가 필요하다.

2. 노인 성상담의 실제

이제 노인의 성상담에서 가장 큰 빈도를 차지하는 성기능(21%), 부부 간 성 갈등(19%), 이성교제(11%), 성충동(6%), 약물·성병 등 기타(43%) 등의 상담 문제를 살펴보자.

1) 성기능 장애

많은 노인 전문가들은 노인이라는 이유만으로 성생활이 중단되는 것은 바람직하지 않다고 말한다. 신체적인 건강과 성에 대한 관심만 있다면 성생활을 지속하는 것이 좋다고 한다. 의학의 발달로 노인의 성기능 장애를 극복할 수 있는 치료 방법도 다양해졌다. 성기능에 이상이 있다거나 성기능을 더욱 발달시키고자 한다면, 우선 가까운 비뇨기과 전문의를 찾아 상담을 받아 보는 것이 좋다.

(1) 노인의 성기능 장애의 원인

노인의 성기능 장애 원인 중 가장 큰 것은 노화 현상 자체이다. 그러나 반드시 알아야 할 것은 노화 현상 자체가 성기능 장애를 일으키는 원인의 전부가 아니라는 것이다. 노화 이외의 수많은 원인이 노인의 성기능을 저하시킨다. 또한 성기능을 약화시키는 원인 가운데 몇 가지는 생활 습관의 변화, 예방적 치료로 미리 관리할 수 있는 것들이다. 성기능 장애의 여러 원인을 보면 다음과 같다.

① 내과 계통 질병: 당뇨, 고혈압, 고지혈증, 신부전, 남성호르몬 저하, 뇌졸중, 신경 손상 등
② 정신과 계통 질병: 우울증, 정신분열증 등
③ 외상 : 골반 골절, 음경 차단, 척수 손상 등
④ 수술 : 전립선, 요도, 기타 비뇨 생식기계 수술 등
⑤ 약물 복용 : 항고혈압제, 항우울제, 항부정맥제, 항남성호르몬제 등
⑥ 생활 습관 : 흡연, 음주, 비만, 운동 부족 등
⑦ 기타 : 성교 실패의 공포, 노인은 성생활을 하면 안 된다는 생각 등의 심리적 요인

(2) 남성 노인의 성기능 장애를 파악하기 위한 일반적인 사전 검사

① 약물 복용(특히, 고혈압 관련 약품)

② 성 파트너에 대한 권태
③ 충분하지 않은 접촉상의 자극
④ 질병(예 : 당뇨)
⑤ 노년에 대한 두려움이나 고령 때문에 조루가 생긴다는 생각
⑥ 과도한 술

이는 노화의 진행에 따라 생기는 신체 기능상의 변화 요인들에 대한 조사이다. 임상 의사들이 조루의 원인 파악을 위해 실시하는 이 내용들은 중년기 남성의 조루 원인을 파악하는 것과 크게 다르지 않다.

(3) 노인의 성기능 장애 진단
① 성병력
② 발기의 강직도, 지속시간 및 마지막 발기와 성욕, 아침 발기의 여부
③ 당뇨병이나 동맥경화의 유무, 수술 여부나 복용 약물, 흡연 및 음주 등의 병력
④ 국제발기력지수(IIEF)를 이용할 수 있으나 전적으로 의존해서는 안 됨

⑤ 신체검사 : 음경과 고환의 크기나 기형 및 질병의 유무와 항문 수지검사를 통한 항문 괄약근의 긴장도와 구음경 해면체 반사의 상태를 검사하고 전립선의 크기와 경도를 확인(남성호르몬 요법 시행 시 필요)

⑥ 검사실 검사 : 혈액검사·소변검사·간 기능검사(필수), 당뇨병·고혈압·고지혈증 유무 확인(선택), 테스토스테론 등의 호르몬 검사 시행

(4) 노인의 성기능 장애 치료

① 원인 치료

우선 담배를 끊고, 음주량을 줄이며, 꾸준히 운동하는 것이 바람직하다. 발기부전을 일으킬 수 있는 약물을 복용하고 있는 경우 가급적 약물을 교체하도록 한다. 또한 지속적인 관심과 협조를 아끼지 않는 성 파트너가 있어야 한다. 당뇨, 고혈압 등은 적극적으로 치료해 원인 요소를 제거하도록 하고, 휴식·수면·정신적 안정 등 정신건강을 유지하기 위한 노력에도 주의를 기울여야 한다.

② 약물 요법

a. 호르몬 요법

남성들은 나이가 들수록 테스토스테론 치가 감소하는데, 이로 인해 다양한 신체적 증상을 겪게 되는 것을 남성 갱년기라고 한다. 따라서 여러 번 검사를 시행하여 테스토스테론 치의 감소가 확인되면 테스토스테론을 투여할 수 있다. 그러나 테스토스테론 투여만으로 발기를 회복시키는 데는 한계가 있다 치료 효과와 부작용을 고려해서 치료 여부를 결정한다.

b. 아포모르핀(Apomorphine, UprimaTM)

아포모르핀은 중추신경계 시상하부의 도파민 수용체에 작용해 발기 능력을 증가시키는 약물이다. 아포모르핀은 혀 밑에서 녹이는 설하정의 형태로 사용되고 있다. 작용 시간이 비교적 빠르며, 모든 종류의 발기부전에 어느 정도 유효하지만, 실데나필, 바데나필, 타다라필 같은 약물에 비해 효과는 약한 것으로 알려져 있어서, 약한 발기부전이나 심인성 발기부전에 주로 쓰인다. 하지만 질산염 제제를 쓰고 있는 심장질환 환자도 사용이 가능하다는 장점이 있다.

c. 실데나필(Sildenafil citrate, ViagraTM)

실데나필은 발기부전 치료의 전기가 된 약물이다. 심인성 및 기질성 발기부전 환자에서 최대 80% 정도의 뚜렷한 치료 효과를 보인다. 임상적인 효과를 나타내는 데는 약 1시간이 걸리며, 효과의 지속 시간은 약 5시간이다. 부작용으로는 두통(15%), 안면홍조(10.5%), 소화불량(6.5%), 비 충혈(鼻充血, 4.2%), 시각장애(2.7%), 설사, 현기증, 관절통 등이 있다. 질산화물 복용 환자는 실데나필을 복용해서는 안 된다.

d. 타다라필(Tadalafil, CialisTM)

타다라필은 새로 개발된 선택적 PDE 5형 억제제로, 실데나필이나 바데나필보다 작용 시간이 길어 24시간 정도 효과가 지속된다. 또한 타다라필은 눈에 있는 PDE 6형에 대한 영향이 적어 시각장애의 부작용이 실데나필보다 덜하다. 또한 적정량의 음주, 식사에 약물대사가 영향을 받지 않는다는 장점이 있다. 근육, 고환, 뇌 등에 있는 PDE 11형에 대한 영향 때문에 실데나필, 바데나필과 달리 근육통의 부작용이 있다는 것이 특이하다.

e. 바데나필(Vardenafil, LevitraTM)

바데나필은 실데나필, 타다라필에 비해 같은 농도에서 가장 강력한 PDE 5형 억제 효과를 보이는 약물이다. 가장 빠른 시간에 최고 혈장 농도에 도달할 수 있으므로 가장 빠른 작용을 보이는 약물이다. 임상시험에서는 상당수의 환자가 15분에서 30분 만에 발기 유발 효과를 보았다. 특히 실데나필, 타다라필보다 당뇨 환자의 발기부전 개선효과가 더 뛰어나다.

③ 의료기구 및 의료시술

a. 진공압축 기구

안전하고 값이 싸며 효과적이지만 환자들의 선호도는 매우 낮은 편이다. 이 기구는 진공실, 진공펌프, 압축밴드로 구성되어 있다. 펌프를 이용해 진공실 내의 공기를 빼내어 음경 내로 혈액이 모이게 하여 발기를 유도하고, 압축밴드를 음경 기저부에 위치시켜 발기를 유지시킨다. 그러나 이 같은 조작은 몸속의 정상적인 혈액 공급을 차단하는 것이기 때문에 압축밴드를 30분 내에 제거해야 한다. 진공압축 기구는 강제적인 음경 충혈에 따른 부작용이 있고, 성행위 직전에 조작해야 하는 번거로움과 인위적 발기라는 단점 때문에 환자의 선호도가 낮다.

b. 음경 해면체 내 주사요법

발기부전의 원인에 상관없이 사용할 수 있으며, 자연스러운 음경 발기와 가장 비슷한 효과를 볼 수 있다. 그러나 통증, 섬

유화, 감염, 지속 발기증, 페이로니 병 등의 합병증이 있다. 적응 환자의 선택은 환자 자신이나 배우자의 관심도, 자가 주사 수행 능력 유무 등이다.

c. 음경 보형물 삽입술

음경 보형물 삽입술은 음경 해면체의 백막 내에 보형물을 유치시키는 방법으로, 환자의 사정 기능이나 성감은 그대로 유지된다. 이 방법은 본인이나 배우자에게 90% 정도의 만족도를 제공한다. 또한 발기부전 환자의 치료법 가운데 유일하게 반영구적인 치료법이다. 음경 해면체에 삽입하는 보형물에는 막대형 보형물과 팽창형 보형물이 있다.

음경 보형물 삽입술의 단점은 보형물 삽입 후 감염이 일어나면 보형물을 제거해야 할 뿐만 아니라, 제거 후에 재수술이 쉽지 않다는 것이다. 또한 보형물의 기계적 고장이 전체 시술의 5~10%에서 나타나고 있다. 따라서 보형물 수술은 다른 치료법에서 효과를 보지 못했을 때 차선책으로 고려해 보는 것이 원칙이다.

음경 보형물은 어떠한 방법으로도 발기가 불가능할 때 체내에 기구를 넣어 이 기구를 통해 발기 기능을 대신해 주는 수술이다. 먹는 약이나 주사제에 실망한 노인들에게 희망이 될

만하다. 그러나 부인은 달라지는 남편을 이상하게 보거나 귀찮아하기도 하고 자식들은 아버지의 성욕을 부끄러워하기 일쑤라서, 어렵게 용기를 낸 어르신들이 뜻을 제대로 펴보지도 못하고 접는 경우가 많아 의사들을 안타깝게 한다. 당당하게 자신의 즐거움을 찾아 나서고 자식들도 진정한 효도가 뭔지 조금만 고민해 본다면, 노인의 성에 대한 의식도 달라질 수 있으리라 기대해 본다.

2) 노인 부부의 성과 상담[1)]

부부 건강학에서 성생활을 만족스럽게 자주 할수록 성기능은 잘 유지되고 고령에서도 성생활이 가능해진다. 반면 장기간 성생활을 못 하면 성기능이 떨어지고, 떨어진 성기능은 회복되기 쉽지 않다. 특히 노년기 사랑의 특성은 정서적인 안정과 애착심, 존경심, 함께 시간 보내기, 자기 표출을 위한 의사소통 등을 내포하고 있어서, 이 시기의 사랑에는 심리적인 요인이 크다고 본다. 부부의 성 갈등은 배우자 간 의사소통 방식과 갈등

---

1) 노인 부부의 성상담에 관해서는 http://blog.naver.com/lsyys88/20020385359의 내용을 참고했음.

대처 방식에 따라 나름대로 각자의 패턴을 이루며, 노년기에 이르러서는 그 유형이 보다 두드러지게 나타난다. 곧 노년기 부부의 성 갈등은 누적된 부정적 생활 감정과 배우자에 대한 적대감 및 성적 불만족에서 비롯되어, 장기간에 걸쳐 형성된 결혼 역사의 복합적 산물인 것이다.

그러므로 노년기 성 갈등은 상담에 의한 개입이나 조정에 어려움이 있다. 그 이유는 우리나라 노인 부부들이 자신들의 성 문제를 은폐하려는 경향이 강한 데다, 오랜 결혼 생활 동안 개인적·상호적 문제들이 복잡하게 얽혀 누적되어 있기 때문이다. 성 갈등은 반복적이고 노인들의 문제해결 의지가 약하다는 점도 노년기 부부의 성 갈등에 대한 상담에 어려움을 준다. 여기서는 노인 부부의 갈등 유형과 노인 부부의 성상담에 필요한 일반적 지침을 살펴보기로 한다. 그리고 무배우자 노인의 특성 및 상담의 방향 등을 생각해 봄으로써 노인 성상담에 대한 이해를 돕고자 한다.

(1) 노년기 부부의 성 갈등

남성이 은퇴를 하고 집에 머무르는 시간이 많아지면서 부부는 하루 중 많은 시간을 배우자와 함께 보내게 된다. 가정으로 돌아온 남성들은 배우자와 가사 전반에 관심을 보이며, 가정 내 활동 영역과 결정권을 공유하게 된다. 그러나 접촉이 많은 만큼 부부간 갈등 역시 잦아지게 된다. 또한 성 갈등은 부부간 의사소통 형태와 밀접한 관계를 가지면서 노년기 부부 생활에 지대한 영향을 미친다.

(2) 노인 부부의 성 갈등 조정을 위한 단계별 상담

노년기의 성 갈등은 누적된 부정적 생활감정과 배우자에 대한 적대감 및 성적 불만족에서 오는 복합적이고 장기간에 걸쳐 형성된 결혼 역사의 산물이다. 또한 노인 부부는 성 갈등에 대한 조정 의지가 약하기 때문에 성 갈등이 반복적으로 나타난다. 노인 부부의 성문제를 상담하는 경우, 상담자는 노년기 부부 성 갈등의 이러한 특성을 알고, 부부만의 특성과 의사소통 과정을 살펴 신중하게 상담에 임해야 한다.

① 상담 초기 면접 단계

상담자는 내담자의 현재의 성 갈등 문제를 포함하여 과거까지 역사를 거슬러 올라가 내담자의 결혼 역사를 두루 살펴야 한다. 그 역사 안에는 내담자의 성에 대한 가치관, 배우자에 대한 이해, 부부간 갈등 양상과 해결방식, 성 갈등의 주요 호소 내용 등이 담겨 있다. 상담자는 상담 초기 면접에서 내담자의 인생사, 특히 결혼 역사에 집중하여 그 속에서 내담자에 대한 정보를 얻고, 가치관과 갈등의 주요 내용을 구분하는 작업을 해야 한다. 노인 부부의 성상담은 상담 초기 면접에서 종결에 이르기까지 상담자의 민감성이 발휘되어야 한다.

a. 내담자가 가지고 있는 성에 대한 생각을 파악한다.

노년기 부부의 성에 대한 생각은 부부가 서로 다를 수 있다. 상담자는 성에 대한 개인적인 신념 및 종교생활과 같은 요인이 성생활에 미치는 영향력 등, 내담자가 가지고 있는 성에 대한 이해를 살펴야 한다. 이를 통해 내담자의 문제 인식 정도, 분노·불만족 정도, 부부간 통제 수준, 스트레스 수준, 문제해결의 가능성을 타진해 볼 수 있다.

b. 내담자가 가지고 있는 배우자에 대한 이해를 파악한다.

배우자와의 성 갈등 문제는 배우자에 대한 내담자의 이해와 긴밀하게 관련되어 있다. 이는 배우자에 대한 내담자의 이해와 적대감 정도, 성적 불만족 정도, 생활 갈등 정도에 영향을 미친다. 또한 이것은 향후 갈등 해소의 방향 설정에도 중요한 역할을 한다.

  c. 부부의 결혼 역사를 통해 형성된 부부간의 갈등 대처방식을 파악한다.

  부부의 결혼 역사는 부부의 갈등의 역사를 보여준다. 즉 부부간의 갈등 대처방식은 대개 결혼 초기에 형성되어 노년기까지 거의 일정한 방식으로 반복된다. 성 갈등은 생활 갈등과 밀접하게 관련돼 있다. 따라서 결혼 역사 속에서 형성돼 온 갈등 대처방식에 대한 이해는 현재 내담자가 호소하는 성 갈등의 새로운 대처방식을 만드는 데 도움을 준다.

  d. 성 갈등의 주요 호소 내용을 파악한다.

  노년기 성 갈등의 호소 내용은 다양하다. 상담자는 성 갈등의 주요 내용이 성기능에 관한 문제인지, 성 갈등 대처방식의 문제인지, 혹은 생활 갈등과 연결되어 있는지 등을 구분하고, 이를 중심으로 상담 목표를 설정한다.

  ② 성 갈등의 유형 파악을 위한 상담

  성 갈등의 유형 파악은 노인 내담자가 겪고 있는 부부 성 갈등의 문제를 다루는 데 기초가 된다. 부부의 성 갈등 유형에 따라 상담의 전체 윤곽과 경향, 그리고 상담의 결과가 달라질 수 있기 때문이다. 성 갈등의 유형을 파악하기 위해서는 성 갈등의 원인이 될 수 있는 조건들을 파악하고, 성 갈등의 중심 현상과 그 진행과정 및 성관계 시의 관계 변화와 관련된 맥락적 조건을 파악해야 한다.

a. 성 갈등의 인과적 조건을 파악한다.

노년기 성 갈등의 인과적 조건이란 신체적인 차원, 심리적인 차원, 배우자 원인 등 내담자의 성 갈등 원인을 말한다. 인과적 조건을 파악하는 것은 내담자가 호소하는 주요 문제의 원인을 발견하는 것으로서 상담 목표와 상담 과정에 영향을 미친다.

b. 성 갈등의 중심 현상을 찾는다.

성 갈등의 중심 현상은 내담자의 성 갈등 문제에서 가장 중요하게 나타나는 문제의 핵심을 말한다. 부부 성 갈등의 중심 현상을 찾기 위해서 상담자는 부부의 성교 시 관계 변화에 주목해, 부부간에 나타나는 적대감과 성적 불만족 수준이 성교 전후와 성교 시 어떻게 변화하는가를 살펴야 한다. 이와 더불어 이것이 성 갈등의 맥락과 중재 조건에 의해 어느 정도 영향을 받는가도 파악해야 한다.

c. 성 갈등의 맥락을 파악한다.

성 갈등의 맥락은 성교 전, 성교 시, 성교 후 부부의 관계 변화에 주목한다. 상담자는 내담자와 배우자가 성교 과정을 거치면서 어떠한 감정적 변화를 겪는지, 또 그 변화에 대한 내담자의 평가는 어떠한지를 살핀다.

d. 성 갈등의 중재 조건을 파악한다.

성 갈등의 중재 조건이란 성 갈등을 악화시키거나 호전시킬 수 있는 조건을 말한다. 이 중재 조건은 내담자 본인이 가지고 있는 개인적인 조건, 즉 신체적인 조건, 심리적인 조건 등과 관계적 조건, 즉 배우자와의 관계에서 비롯된 조건 등이 있다. 상담자는 입체적인 차원에서 성 갈등의 중재 조건을 탐색해야 한다. 중재 조건은 성 갈등의 중심 현상 및 맥락과 밀접한 관련을 가지고 있으며, 상담자는 이 관련성을 통해 부부 관계를 파악한다.

e. 상호작용 전략을 파악한다.

상호작용 전략을 파악한다는 것은 결혼 역사 속에서 나타난 성 갈등에 대해 내담자가 배우자와 어떻게 상호 조정을 이루었는가를 면밀히 살핀다는 의미이다. 상담자는 내담자와 배우자

간에 어떻게 상호 전략이 이루어졌는가를 살피고, 상호 전략이 내담자와 배우자의 성 갈등에 긍정적인 영향을 미쳤는지 혹은 부정적인 영향을 미쳤는지에 대해 평가한다.

f. 상호작용 결과를 파악한다.

상호작용 결과는 내담자와 배우자 사이의 성 갈등 해소를 위한 부부간 상호작용으로 나타난 결과를 말한다. 상호작용 전략의 특징에 따라 상호작용 결과도 달라진다. 상담자는 상호작용 결과가 성 갈등에 어떤 영향을 미쳤는지, 그 결과가 이어지는 성 갈등에 인과적 조건을 제공하지는 않았는지를 살핀다.

g. 성 갈등 유형을 파악한다.

앞서 성 갈등의 유형 파악을 위한 단계를 거쳐 상담자는 내담자와 그 배우자의 성 갈등 유형을 파악한다. 성 갈등의 유형 파악은 상담의 목표와 과정 그리고 결과 예상에 영향을 미치며, 유형에 따른 상담 전략에도 영향을 미친다.

(3) 노년기 부부의 성 갈등 유형

성 갈등 유형은 성 갈등 상담 전략에 영향을 미친다. 이것은 노인 부부의 성 갈등 유형마다 적대감과 성적 불만족 수준에 따른 갈등의 대처방법이 각각 다르기 때문이다. 예를 들어, 여성 배우자의 거부에 대해 남성 배우자가 포기하는 유형과 폭력을 행사하는 유형에 대한 상담 접근은 달라야 한다. 노인 부부의 성 갈등 상담은 여성 노인의 배우자에 대한 적대감 수준을 낮추고, 남성 노인의 성적 불만족을 완화해 원활한 부부관계를 갖도록 돕는 것을 목적으로 한다.

노년기 부부의 성 갈등은 크게 4가지 유형으로 나눌 수 있다. 이 유형들은 여성 노인이 남편에 대해 갖는 적대감과 남성 노인이 아내에 대해 갖는 성적 불만족의 정도와 갈등 대처 유형에 따라 언쟁형, 포기형, 대립형, 폭력형으로 나뉜다.

유형	제1유형 언쟁형	제2유형 포기형	제3유형 대립형	제4유형 폭력형		
세부 구분	거부 언쟁형	거부 포기형	거부 대립형	거부/회피 권위적 폭력형	무시 보복적 폭력형	수용 가학적 폭력형
인과적 조건	• 신체 노화 및 성교 통증 • 노화에 따른 심리적 위축감	• 남편의 과오에 대한 복수심 • 발기부전	• 폐경 후 욕구 감소 • 노화에 대한 심리적 위축	• 성교 통증 및 남편의 과거 과오에 대한 복수심 • 성기능 저하에 대한 우려	• 아내의 무시 및 인격 비하적 발언 • 남편의 폭언과 구타	• 아내의 무조건적 수용 • 남편의 무조건적 폭력과 구타
현상의 맥락	• 아내의 직·간접적 성교 거부 • 언쟁 후 재개	• 아내의 적극적 거부 • 남편의 관심사 전환 및 강한 스트레스 반응	• 아내의 지속적 성교 거부 • 남편의 성 스트레스 폭발 • 대화 두절 • 심한 언쟁	• 아내의 적극적 거부 • 명령을 동반한 강압적 행동	• 아내의 무시 및 인격 비하적 발언 • 남편의 폭언과 구타	• 아내의 무조건적 수용 • 남편의 무조건적 폭력과 구타
중재 조건	• 부부간의 부정적 생활감정 • 연민의 감정	• 부부간 부정적 생활감정 수준	• 배우자의 건강 상태	• 배우자의 외도 경험 여부	• 배우자의 감정적 대응	• 성생활에 대한 개인적 신념

① 언쟁형 성 갈등

언쟁형 성 갈등은 아내의 성교 거부에 대해 남편이 아내와 말다툼을 벌이고 일정 시간 후 대화를 통해 갈등을 해소하는 유형이다. 언쟁형의 경우 부부의 대화를 통한 화해 가능성이 다른 유형에 비해 비교적 높다. 따라서 언쟁형은 아내의 적대감 외현화 정도에 비해 남성의 성적 불만, 즉 외현화 정도는 상대적으로 그리 심하지 않다. 따라서 상대방의 거친 말에 상처를 입는 경우는 많지 않다. 이 경우 남편의 배려가 비교적 많고 대화에 적극적인 편이다.

상담자는 언쟁형 부부의 의사소통 형태를 살피고 아내의 적대감 수준과 남편의 성적 불만족 수준을 파악한다. 상담자는 배우자의 이야기를 끝까지 경청하도록 도와야 한다. 노년기 성 갈등은 오랜 결혼 생활 속에 형성된 감정 덩어리가 있다는 점을 명심해야 한다. 언쟁형 성 갈등이 다른 성 갈등 유형에 비해 대화의 자원을 많이 가지고 있기는 하지만, 배우자의 아픔의 자리에까지 되돌아가기는 쉽지 않다. 노년기 부부간 대화는 과거로 완전히 되돌아가기 전에 미리 끝나는 경우가 많다. 그러나 상대 배우자의 고통과 아픔의 자리로 되돌아가 봄으로써 부부는 서로 오해와 불신의 근원을 찾게 된다.

② 포기형 성 갈등

포기형은 여성 배우자의 성교 거부에 대해 남성 배우자가 성교를 포기하면서 강한 스트레스 반응을 보인다. 상담자는 여성 배우자의 적대감 수준을 평가하고, 남성 배우자의 성적 불만족 수준과 성교 포기 후 나타나는 감정 변화를 보다 신중하게 살펴야 한다. 포기형 남성 노인의 경우 성욕구와 성적 불만족을 일시적으로 억누른다. 그러나 반복적으로 억눌린 성욕구와 성적 불만족은 내재된 갈등 감정을 배가하여 강한 스트레스 반응을 보인다. 이 반응은 이어지는 성 갈등의 주요 요인이 되어 부부관계에 부정적인 영향을 미친다. 이때 상담자는 남성 배우자가 '포기'를 넘어서 보다 긍정적인 차원으로 전환할 수 있도록 돕는다. 또한 긍정적인 관계로 접근하도록 하기 위해서 상담자는 포기형 부부의 대화 자원을 찾는 것에 집중해야 한다.

③ 대립형 성 갈등

대립형은 성 갈등으로 인해 부부가 심한 말다툼을 벌이거나 서로에게 매우 냉담한 반응을 보인다. 대립형 성 갈등 형태의 부부는 아내의 적대감 수준이 높고 남편의 성적 불만족 수준도 비교적 높다. 남성 배우자가 폭력을 행사하지 않으나, 그 가능성을 배제할 수는 없다. 상담자는 여성 배우자의 적대감 수준과 남성 배우자의 성적 불만족 수준이 과도하게 형성되지 않도록 한다. 또한 부부 중 어느 쪽에서 주로 의도적인 대립 분위기를 주도하는가를 살펴, 그에 대한 방안을 모색할 필요가 있다. 나아가 부부간에 긍정적인 의사소통을 형성하도록 대화의 자원을 살피고, 의사소통 훈련을 유도해야 한다. 상담자는 대립형 부부의 대립 양상이 폭력 양상으로 발전할 가능성이 있는지를 살피고, 가능성이 있다면 폭력 예방을 위한 상담을 해야 한다.

④ 폭력형 성 갈등

폭력형은 부부간의 성 갈등에서 폭력이 가미되는 성 갈등 유형이다. 거부/회피-권위적 폭력형, 무시-보복적 폭력형, 수용-가학적 폭력형으로 나뉜다. 각각의 세분된 유형들에서는 아내의 성교 거부와 남편의 대응이 권위 중심, 보복 중심, 가학적 성격으로 나타난다. 상담자는 폭력형 부부의 성 갈등 상담 시, 여성 배우자의 고립 정도와 남성 배우자의 특권 악용 정도를 파악해야 한다. 여성 배우자가 심각한 고립 상태에 있거나 남편이 지나치게 가정에서 특권을 악용한다면, 상담자는 이에 대처해야 한다.

a. 거부/회피-권위적 폭력형

이 유형은 남성 배우자가 여성 배우자의 성교 거부를 자신의 권위에 대한 도전으로 여기고, 이에 대해 폭언과 구타로 대응한다.

b. 무시-보복적 폭력형

이 유형은 여성 배우자가 성교를 거부하며 배우자를 무시하는 것에 대해 남성 배우자가 그 보복으로서 폭력을 행사한다.

c. 수용-가학적 폭력형

이 유형은 성교 제의에 대해 여성 배우자가 성교를 수락했음에도 불구하고, 남성 배우자가 여성 배우자에게 폭력을 행사해 강제적으로 성교를 행하는 가학적 유형이다.

(4) 분노 조절을 위한 상담

노년기 배우자에 대한 적대감 및 성적 불만족은 부부간의 분노감과 연결되어 있다. 또한 부부간 성 갈등의 근원에는 한(恨)과 보상 심리가 불가피하게 얽혀 있다. 분노조절 단계에서 상담자는 노부부의 초기 결혼 관계에서 형성되어 누적된 분노를 확인하고, 현재 분출되고 있는 분노와의 관계성을 찾아 그 근원을 현재와 연결한다.

① 과거 회고하기: 분노·상처의 진입

노년기 부부의 갈등과 분노는 과거 수십 년의 결혼 생활을 통해 누적되고 정형화된 입체적 결과물이다. 배우자의 외도나 성격 차이, 부부간 보상 심리 등이 부부 각자의 마음에 배우자에 대한 불신과 적대감을 형성했고, 이는 노년기 부부의 성 갈등 원인으로 작용한다. 상담자는 내담자로 하여금 결혼 역사를 회고하여, 과거에 다친 감정들과 분노를 표현하고, 현재의 적대감과 분노와의 연계성을 찾도록 돕는다.

② 현재 살피기: 분노·상처의 최고조

오랜 결혼 생활을 통해 불거진 분노와 적대감은 노년의 부부간 생활 갈등 및 성 갈등에서 반복적으로 나타난다. 이때 내담자는 분노와 적대감의 최고 수준을 경험하게 된다. 상담자는 내담자가 자신의 분노와 적대감 등을 충분히 표현할 수 있도록 하고, 내담자가 배우자에 대해 가지고 있는 감정에 직면할 수 있도록 돕는다.

③ 미래 예측하기: 분노·상처의 희석

상담자는 미래 부부관계에 대한 예측을 통해 노년기 부부가 긍정적인 감정을 형성하도록 도와야 한다. 상담자는 내담자가 배우자에 대한 감정을 배우자의 사망 지점까지 연장해 스스로 배우자에 대한 분노의 감정을 희석시킬 수 있도록 도울 수 있다. 이 과정에서 내담자는 결혼 생활에서 배우자의 공헌 내용과 그 정도, 내담자와 배우자의 부부관계에서 긍정적인 요소들을 다시금 이끌어 낼 수 있다.

(5) 용서와 화해를 유도하는 상담

상담자는 노년기 부부가 서로를 용서할 수 있도록 돕는다. 부부간의 용서는 의식(ritual) 형태를 통해 구체화된다. 의식의 형태는 다양한 방식으로 이루어질 수 있으며, 그 안에는 용서의 과정이 단계별로 포함되어야 한다. 즉 상담자는 부부를 마주보게 한 다음, 엄숙한 분위기에서 부부에게 진심으로 응답할 것을 말한다. 또한 상담자는 상담을 통해 얻은 부부의 정보를 바탕으로 결혼 기간 동안의 주요 사건들을 목록화하고, 용서와 화해의 순간에 대한 내용을 정리해 준비한다. 노인 부부의 용서를 위한 의식 단계는 다음과 같다.

① 용서의 순간 기억하기

상담자는 부부의 결혼부터 현재까지 있었던 중요한 사건들을 중심으로, 행복하고 좋았던 사건들, 불행하고 우울했던 사건들을 의미 있게 짚어 준다. 그리고 이전에 있었던 용서와 화해의 순간들을 기억하도록 한다.

② 자신과 배우자의 관계 파악

상담자는 부부가 서로 배우자에 대해 가졌던 불신과 적대감을 고백하도록 한다. 서로가 서로에게 가졌던 감정들을 충분히 드러내고, 자신이 받았던 상처와 상대에게 주었던 상처들을 확인하도록 한다.

③ 서로의 빚에 대해 용서와 이해 구하기

상담자는 부부가 서로의 빚에 대해 인정하고 용서와 이해를 구하도록 한다. 부부는 정중하게 진심으로 서로에게 용서를 빌고 나서 손을 잡는다. 부부는 노년에 가졌던 미움과 분노, 상처와 아픔에 대해 용서를 빌도록 한다. 상대방의 상처의 내용을 다루는 경우, 구체적인 부분이 충분히 다 이루어지도록 한다.

④ 부부관계의 재정립 : 용서하기와 용서 받아들이기

서로가 용서를 빈 부부에게 상담자는 서로의 용서를 받아들일 수 있도록 한다. 마음속에 담아 두고 있던 진심어린 감정을 표현하는 것은 현재의 갈등을 해결하는 데 도움을 줄 뿐만 아니라, 향후 발생할 수 있는 부부간 갈등에 부부가 능동적으로 대처하도록 하는 데 도움을 준다.

(6) 화해 단계

용서의 단계는 용서의 실천인 화해 단계로 나아간다. 이 단계에서는 부부가 변화된 자신과 배우자의 모습을 확인하고, 새로운 관계 속에서 성생활을 하게 된다. 또한 현재 상담을 통해 용서-화해 과정을 거쳤다 할지라도, 결혼 생활이 지속되면서 부부간 갈등은 반복되기 마련이다. 화해의 경험은 이전에 유지되었던 부부의 의사소통 형태에 변화를 갖는 것이다. 즉 화해의 단계에서는 이후 발생할 수 있는 갈등 상황에서도 서로에게 베풀었던 용서의 과정을 기억하고자 하는 약속의 확인과 선언을 한다.

3) 이성교제와 성 충동

(1) 무배우자 노인의 성과 상담

① 노인을 대상으로 한 성매매와 그 영향력

건강 수명이 늘어나면서 노인들의 성문제가 표면화되고 있고, 배우자가 없는 노인들의 성문제는 최근 심각한 문제로 대두되고 있다. 특히 노인을 대상으로 하는 성매매와 성병은 대개 배우자가 없는 노인들을 중심으로 일어나고 있다. 노인을 대상으로 한 성매매 과정에서는 성병 예방 기구들이 거의 사용되지 않는 실정이기 때문에, 그들은 그대로 성병에 노출되어 있다. 특히 경제적인 상황이 어려운 노인들은 성병에 걸린다 해도 병원을 찾지 않고 있어, 이에 대한 정책적 차원의 의료 지원과 전문 상담이 절실한 실정이다.

② 무배우자 노인의 성상담

성적 욕구는 인간의 기본적인 생리적 욕구이다. 따라서 노인들의 욕구는 억제되거나 통제되기보다는, 바람직한 방법으로 해결될 수 있도록 도와야 한다. 상담자는 독신 노인의 성상담을 할 때 다음과 같은 사항을 살펴야 한다.

a. 자신의 대인관계에 대한 욕구를 성욕구로 해석하는가를 살핀다.

노인 내담자가 강한 성 욕구를 표시하거나 이성에 대해 강한 관심을 보이는 경우, 상담자는 내담자가 대인관계에 대한 욕구를 성적인 욕구와 혼동하고 있는가를 살펴야 한다. 대인간의 접촉이나 사회적 활동이 부족한 경우, 보다 많은 이성 간 혹은 동성 간 사회관계를 원하는 경우, 대인관계 욕구는 성욕구로 대치되는 것처럼 보일 수 있다.

b. 복용 중인 약물 가운데 성욕에 변화를 주는 성분이 있는가를 확인한다.

노인들은 건강상의 이유로 다양한 약물을 동시에 다량 복용하는 경우가 많다. 내담자가 특정 약물을 사용한 후 성욕구가 증가했는지, 혹은 복합적인 약물 복용으로 인해 성욕구가 증가했는지에 대해 전문가와 상의할 수 있다.

c. 성에 대한 개인적인 신념을 파악한다.

남성 노인의 경우 성생활을 하지 않으면 성기능이 저하되거나 정지될 것이라고 믿기 쉽다. 이러한 신념이 완전히 틀린 것은 아니다. 실제 장기간 성생활을 하지 않는 남성 노인의 경우 성기능이 저하될 수 있다. 그러나 성기능 저하를 죽음과 연결하거나 성기능 저하로 인한 위축감 때문에 심각한 대인관계 장애, 자존감 저하를 경험할 수 있다. 상담자는 내담자의 성에 대한 개인적 신념을 확인하고, 그에 대해 충분한 설명을 해주어야 한다.

d. 강한 인정 욕구를 가졌는가를 살핀다.

노인들의 인정 욕구는 성에 대한 관심으로 드러나기도 한다. 배우자가 없는 노인의 경우, 자신이 성적으로 아직 왕성하다는 것이 젊은 사람들이나 이성 노인들에게 인정받는 일이라고 생각하기 쉽다. 따라서 상담자는 내담자가 호소하는 성문제가 강한 인정 욕구의 표현이 아닌가 살펴야 한다.

e. 성적 욕구를 해결하는 방법에 대해 구체적으로 질문하고 이를 평가한다.

내담자의 성과 관련한 행동들에 대해 구체적으로 질문하고, 그에 대해 평가해야 한다. 상담자는 욕구의 정도가 강한가, 성적 욕구를 어떻게 해결하는가, 성적 욕구 해결이 비정상적이거나 위험한 방식은 아닌가, 의료적인 문제가 있는가 등을 살펴야 한다. 또한 내담자가 호소하는 다양한 성문제에 대한 정보를 얻고 심리적인 반응을 파악해야 한다.

f. 성적 불만족에서 오는 스트레스와 공격적 태도를 바람직한 방향으로 전환하도록 돕는다.

배우자가 없는 노인들이 성적 욕구를 적절히 해결하지 못하거나 만족스런 성생활을 영위하지 못할 경우, 공격적인 태도나 스트레스 반응을 보인다. 상담자는 내담자가 가지고 있는 개인적 특성을 충분히 고려하여, 노인의 공격적인 반응이 긍정적인 방향으로 전환되도록 돕는다.

g. 성병이나 성과 관련된 질환이 있을 때 의사의 진단과 치료를 받게 한다.

노인들은 자신의 질병에 대해 타인에게 호소하는 편이다. 그러나 성병이나 성과 관련된 질병은 언급을 꺼릴 뿐 아니라, 치료 자체에 대해 거부감을 보이는 경우가 많다. 내담자가 성병이나 성과 관련된 질환이 있는 경우, 상담자는 성병 관리의 중요성을 상기시키고, 성병 치료가 결코 부끄럽거나 어려운 것이 아니라는 것을 알려서 내담자가 의사의 도움을 받을 수 있도록 유도해야 한다.

제6장

노인 성문제의 해결방안

"예전에, 아침에 눈을 뜨면 '우리 어머니가 언제 나를 데려가실까?'를 가장 먼저 생각한다는 노인분이 계셨어요. 혼자서 눈을 뜨는 외로움, 언제나 텅 빈 집 같은 것들이 노인들에게는 큰 고통이었던 것이죠."

-복지부 서경순 성 상담사-

1. 노인복지 정책의 필요성

한국은 세계에서 가장 빠른 속도로 늙어가는 나라이다. 2005년 1월 통계청 발표에 따르면, 한국인의 평균 수명은 1971년 62.3세에서 2005년 현재 77.9세로 15.6세가 늘어났으며, 2030년에는 무려 81.9세로 늘어날 전망이다. 평균 수명 연장은 '노인'으로서 살아가야 하는 시간이 늘어나는 것을 뜻한다. 노인 복지에 대한 관심을 높여야 하는 이유가 여기에 있다. 노령인구 증가에 발맞춘 다양한 복지 서비스에 대한 관심이 절실한 때이다.

'삶의 질'을 높이기 위한 방법에서 빼놓지 말아야 할 것이 바로 성문제이다. '노인의 성'을 다루어 사회적 충격을 주었던 영화 '죽어도 좋아'가 주장하듯이, '노인의 성'도 마땅히 존중받아야 할 인권이자 행복 추구권이다. 그러나 우리 사회의 가부장적인 문화는 '노인의 성'에 대한 논의를 금기시했으며, '노인 매매춘' 등의 시각으로 한정해 논의함으로써 다양한 대책을 마련하지 못해 온 게 사실이다. 21세기는 '생존권'을 넘어서 '삶의 질'을 논하는 시대이다. 따라서 노인 복지의 개념과 관심 영역도 달라져야 한다. 단순히 '잘 먹고 잘사는 삶'이 아닌, '건강하고 행복한 삶'을 생각해야 한다. 따라서 복지정책 또한 '획일적인 양'보다 '질적인 다양성'을 추구해야 한다.

2. 노인의 성에 대한 정책

현재 우리나라의 65세 이상 인구는 357만여 명(2001년 기준)이며, 이 중 여성이 219만여 명이다. 1960년에는 65세 이상의 인구가 전체 인구의 2.9%에 불과했으나 2000년에는 7.1%로 늘어났고, 2002년에는 14%에 달할 것으로 예상된다. 2030년에는 65세 이상 노인이 1,000만 명을 넘어설 것으로 보인다. 그에 따라 정부나 민간에서는 노인복지 등 고령화 사회에 걸맞은 각종 대책을 마련 중이다. 그러나 노인의 성문제를 해결하려는 노력은 여기에서 빠져 있다.

노인의 성관계는 단순한 성교의 차원을 뛰어넘는다. 상대적으로 살 날이 그리 많지 않은 할아버지, 할머니들에게 성관계는 어쩌면 그들이 살아 있음을 확인하는 수단의 하나일지 모른다. 노인들의 성관계가 야하거나 추한 것이 아니라, 아름답고 애달파 보이는 것도 그런 이유 때문일 것이다. "노인의 성을 무시하는 것은 심각한 노인 학대"라는 노인 문제 전문가들의 견해는 그래서 울림이 크다.

1) 노인 단독 세대의 증가와 그 해결책

한국인의 평균 수명이 늘었지만 모든 부부가 백년해로를 하는 것은 아니다. 최근의 여러 통계자료를 보면, 사별과 이혼으로 인해 노인 단독 세대가 늘어나고 있음을 알 수 있다. 노년기 결혼의 파탄은 노인의 정서적 외로움과 우울증을 유발하고, 노후의 삶의 질을 저하시키는 중요한 요인이 된다. 한편, 노인의 소외감·상실감이 성범죄로 이어지는 경우도 있어 사회문제가 되기도 한다.

시도별	1998	1999	2000	2001	2002	2003
계	494,695	519,503	542,690	580,307	611,600	643,544
서울	59,326	62,301	65,082	69,593	73,346	77,177
부산	31,518	33,099	34,576	36,973	38,966	41,002
대구	19,618	20,602	21,521	23,013	24,254	25,520
인천	14,910	15,658	16,357	17,491	18,434	19,397
광주	10,498	11,025	11,517	12,315	12,980	13,657
대전	7,729	8,117	8,479	9,067	9,556	10,055
울산	6,232	6,545	6,837	7,311	7,705	8,108
경기	53,010	55,668	58,153	62,184	65,537	68,960
강원	21,634	22,719	23,733	25,378	26,747	28,144
충북	19,721	20,710	21,634	23,134	24,381	25,654
충남	31,869	33,467	34,961	37,384	39,400	41,458
전북	38,150	40,063	41,851	44,752	47,165	49,629

전남	57,193	60,061	62,742	67,091	70,709	74,401
경북	59,508	62,492	65,281	69,806	73,570	77,413
경남	54,251	56,971	59,514	63,639	67,071	70,574
제주	9,528	10,005	10,452	11,176	11,779	12,395

(자료: 인구주택 총 조사, 통계청, 2000. 안명옥 의원 요구자료, 「65세 이상 독거노인 현황」, 2005.9.22.)(단위: 명, %)

구분	65세 이상 인구	유배우	미혼	사별	이혼	미상
1990						
전체	2,162,239	1,020,269	3,366	1,132,778	5,555	271
남자	810,656	669,476	1,305	137,579	2,230	66
여자	1,351,583	350,793	2,061	995,199	3,325	205
2000						
전체	3,371,806	1,751,747	10,484	1,583,558	24,612	1,405
남자	1,287,397	1,099,031	3,871	174,244	9,759	492
여자	2,084,409	652,716	6,613	1,409,314	14,853	913

(자료: 통계청, 「인구주택 총 조사 보고서」, 「65세 이상 인구의 혼인 상태」, 2005.9.30.) (단위: 명)

앞서 제4장에서 언급한 바 있듯이, 우리 사회에서도 지자체와 결혼정보 회사 등이 앞장서서 노인의 건전한 만남을 주선하는 이벤트를 펼치곤 한다. 하지만 참가를 원하는 노인의 숫자에 비해 이벤트의 수와 참여 인원은 매우 적은 편이다. 초 고령사회에 접어든 이웃나라 일본의 경우, '노인 미팅'이 오래 전부터 활성화돼 있다. 고령자 전문 소개 업체만 수십 개에 이른다고 한다. 결혼정보 시장의 연령대 자체가 변했다는 말이 나올 정도이다. 우리나라도 노인 세대의 이성교제에 대해 본격적인 관심을 기울이고, 사회적으로 건전한 만남 대책 프로그램을 고민해야 할 때이다. '10명의 효자보다 1명의 악처가 더 낫다'라는 우스갯소리가 있다. 열 효자도 아내 또는 남편의 역할을 대신할 수는 없다는 얘기이다. 최 모(79, 남) 씨는 "죽을 때 어떻게 죽느냐가 나이를 많이 먹은 노인들의 가장 큰 근심"이라며, "아무리 자식과 좋은 관계를 가지고 있다 해도, 말동무가 돼주고 살 냄새를 함께 맡을 수 있는 여자를 얻는 게 더 좋다는 게 일반적인 노인들의 생각일 것"이라고 말했다.

 지금 우리 사회는 노인이 성생활을 즐기는 것을 당연하게 받아들이는 문화의 확립과 함께, 노인들이 이성을 만나는 데 드는 비용을 덜어주는 제도적 장치 마련이 시급하다. 노후의 자연스러운 이성교제·노혼 등의 기회를 제공할 수 있는 모임이나 상담소 등을 개설해 주는 것도 바람직하다. 최근에는 노인들이 모여 자신들의 일상에 대해 대화를 나누거나 친목을 목적으로 하는 '실버 카페' 활동도 증가하고 있다. 뿐만 아니라 이성과의 만남을 목적으로 콜라텍, 효도 미팅, 하루 커플여행, 커플 취미교실, 노인복지관, 외모 가꾸기 등 새로운 노인 문화가 자리 잡고 있다.

2) 노인 성 상담원 양성

노년의 건강하고 아름다운 삶을 뒷받침하기 위해, '노인의 성' 관련 복지 프로그램 개발과 정기적인 성인식 개선 프로그램 개발이 필요하다. 이를 위해서는 노인 성 상담원이 필수적으로 양성·증원되어야 할 것이다.

대한가족보건복지협회가 전국에 산재한 9개 지회의 재가노인 복지시설을 이용하는 노인 429명을 대상으로 2005년 7월 15일부터 약 1개월 동안 '노인들의 성'에 대한 실태조사를 실시한 바 있다. 이 설문 조사 결과에 의하면, 남성 노인의 72.4%가 노인 성상담·성교육 전문가의 도움을 원하는 것으로 나타났다. 여성 노인의 경우는 48.6%가 성상담 및 성교육 전문가의 도움이 필요하다는 입장을 밝혀, 남녀 모두에서 상당수의 노인들이 성과 관련한 전문적인 상담을 필요로 하는 것으로 드러났다. 누구와 '성상담'을 하고 있는지를 묻는 질문에는 429명 중 236명(55%)이 '그냥 혼자서 해결한다'라고 답해, 성상담을 원하고 있음에도 불구하고 전문 상담자들로부터 소외되어 있음을 알 수 있다.

또한 원하는 상담 시간을 묻는 설문에 전체 응답자 429명 중 311명(72.5%)이 '내가 원할 때'(215명, 50.1%)와 '언제든지'(96명, 22.3%)라고 답해, '상시적인 성상담'이 필요하다는 의견이 절반을 차지했다. 원하는 성상담 전문가의 나이(189명, 44.1%)나 성별(219명, 51.0%)에 대해선 '상관없다'라는 응답이 주를 이루었다. 원하는 상담 방법은 방문 상담(114명, 26.5%)과 시설에서 실시(103명, 24%), 전화 상담(94명, 21.9%) 등 다양한 방법에 고른 응답을 보여, 다양한 형태와 다양한 방식의 상담 프로그램이 개발되어 실행되어야 한다는 점을 시사했다.

〈성별 '노인 성상담·성교육 전문가' 도움 필요 여부〉

구 분	도움을 드린다면?			합계
	'매우 필요하다' 또는 '종종 필요하다'	필요하지 않다	기타	
남 자	71(72.4)	27(27.6)	0	98
여 자	1641(48.6)	169(51.1)	1(0.3)	331
합계(%)	232(54.1)	196(45.7)	1(0.2)	429(100)

(자료 : 대한가족보건복지협회, 2005년) (단위: 명, %)

〈성별 '현재 성상담' 상대자 현황〉

구 분	현재 성상담 상대					합계
	혼자 해결	동료, 친구	전문 상담원	선배	기타	
남 자	49	25	3	0	21	98
여 자	187	75	9	5	55	331
합계(%)	236(55.01)	100(23.3)	12(2.8)	5(1.2)	76(17.7)	429

(자료 : 대한가족보건복지협회, 2005년) (단위: 명, %)

〈노인 '성상담·성교육 방법'〉

성상담·성교육 방법	상담원의 직접 방문	기관 (시설)	전화	단체	사이버 상담	기타	합계
응답자 수 (비율)	114 (26.5)	103 (24.0)	94 (21.9)	58 (14.0)	1 (0.2)	59 (13.4)	429 (100)

(자료 : 대한가족보건복지협회, 2005년) (단위: 명, %)

▲ 서울시어르신상담센터에서는 '동년배 상담가'를 양성하는 프로그램을 운영한다. 이들은 파고다 공원 등을 찾아가 방문 상담을 실시하기도 한다.

3) 노인 성교육 프로그램 활성화

노인 성폭력 가해자는 2008년 전국 710명에서 2011년 1,070명으로, 성병 환자는 2006년 1만 713명에서 2010년 1만 7,265명으로 각각 늘었다. 노인들이 성범죄의 가해자가 되거나 성병의 피해자가 되지 않도록 하기 위해서는 노인들로 하여금 성에 대한 올바른 인식을 갖게 하는 것이 중요하다. 그러나 대부분의 노인들이 성에 관심은 많지만, '점잖지 못하다'등의 반응을 보이며 부담스러워한다.

그러나 앞서 언급한 '노인과 관련된 성문제'는 우리 사회의 급속한 고령화가 근본 배경이지만, 무지로부터 비롯된 경우가 많다. 가장 대표적인 예가 성병 감염이다. 해마다 각종 성병과 에이즈에 감염되는 노인의 수는 증가하고 있는데, 어디서 상담이나 치료를 받아야 하는지 모르는 경우가 많고, 수치스러운 마음에 병원을 찾지 않는 경우도 많다. 그러다 보니 병을 더욱 악화시키고, 극단적으로 스스로 목숨을 끊는 경우도 발생하고 있다. 이러한 문제는 노인에게 에이즈를 비롯한 각종 성병 예방에 대해 홍보와 교육을 한다면 충분히 줄일 수 있다.

노인을 대상으로 하는 성교육은 노인 스스로가 '성은 자연스러운 것'이라는 인식을 갖도록 하는 것이 우선적으로 필요하다. 그리고 노인들이 성을 올바로 인식하고, 건전한 방법으로 성적인 욕구를 해결하며, 건강한 사랑을 나누는 능력을 키워주는 교육 프로그램의 개발이 절실하다. 성신여대 가족문화소비자학과 김태현 교수는 "사회가 청소년들의 성교육에는 열성적이면서 노인들의 성교육에는 무관심한 것이 심각한 문제를 야기할 수 있다."라며, "노인들이 올바르고 활기찬 성생활을 할 수 있도록 고령 인구를 대상으로 한 성교육을 보편화해야 한다."라고 지적했다. 노인들이 이 같은 성교육 프로그램을 쉽게 받아들이지는 않겠지만, 이미 우리나라의 많은 지방자치 단체에서는 노인들을 대상으로 성교육 프로그램을 실시하고 있다.

일부 지자체에서 시행하고 있는 성교육 프로그램의 예를 보면 다음과 같다.

〈표〉 노인 성교육 프로그램

시간	1일차	2일차
09:00~10:00	접수 및 등록	노인 성상담 사례와 실제
10:00~11:00	고령화 시대의 노인 성문화	
11:00~12:00		
12:00~13:00		점심식사
13:00~14:00	점심식사	노인 성의식과 성적 욕구 해결방법
14:00~15:00	의학적인 면에서 본 노인의 성	
15:10~16:00		분임토의 (노인 성문제 및 성범죄 해결방안)
16:00~17:00	비디오 시청 (노인의 성, 정년은 없다)	

노인을 대상으로 한 성교육은 '성 질병 예방 및 치료법', '성범죄 예방 및 관련 법률', '건전한 이성교제 에티켓', '부부 및 가족과의 대화 방법'등이 주된 교육 내용이다. 그리고 노인의 건강한 성생활과 세대 간의 소통 및 이해 증진 등과 관련된 폭넓은 주제를 다루고 있다.

12년 전 부인과 성격 차이로 이혼하고 혼자 사는 박민수(62, 가명) 씨는 댄스 스포츠 동호회에서 여자 친구인 김정숙(57, 가명) 씨를 만나 사귄 지 6개월째다. 박 씨는 최근 복지관에서 운영하는 실버 성교육 프로그램에 참여했다. 처음에는 "이 나이에 무슨 성교육을 받나? 젊은 시절에 얻은 성 지식으로도 충분하다."라며 시큰둥했지만, 성병 예방 등 구체적인 지침을 배워 올바른 성생활에 대한 생각을 하게 됐다. 박 할아버지는 시니어 모임에서 또래 노인들과 남녀 심리 탐구서인 『화성에서 온 남자, 금성에서 온 여자』도 읽는다. 여자 친구의 마음을 이해하기 위해서이다. 강신영 실버 성교육 강사는 "노년의 성은 성관계뿐 아니라 친밀한 접촉과 건강한 인간관계를 유지하는 것까지 포함한다."라며, "노인의 성은 아는 만큼 행복하다."라고 말했다.

3. 노인의 성 정책의 미래

성만큼 인간의 삶에서 중요한 요소도 드물다. 근엄한 맹자조차도 고자(告子)의 입을 빌려 "식욕과 성욕은 타고난 본성(食色, 性也)"이라고 했을 정도이다. 부산여성가족개발원이 최근 '부산 지역 노인의 성생활 및 가치관 분석' 보고서를 냈다. 65~84세 남녀 노인 400명을 대상으로 한 설문조사에서 응답자의 54.4%가 최근 1년간 성관계를 가졌다고 응답했다. 파트너는 배우자가 가장 많았지만 이성 친구, 즉석만남, 성매매로 만난 사람이었다는 이들도 있었다. 성관계를 갖지 못한 사람들 중 남성은 '상대가 없어서', 여성은 '관심이 없어서'를 꼽은 이가 가장 많았다.

의학의 발달과 생활수준의 발전으로 인간의 수명은 더욱 늘어날 것이다. 한국 사회는 고령화 사회에서 더 나아가 고령사회, 초 고령사회로 계속 나아갈 것이다. 하나의 인격으로서 노인도 정신적·육체적 사랑을 할 권리가 있다. 노인들의 건전한 교제를 위한 사회적 관심과 지원이 따라야 한다.

사별·이혼 등으로 부부관계를 통한 성생활이 곤란한 노인의 수도 늘고 있다. 보건복지부는 노인의 건전한 성문화 조성과 사회의 이해 제고를 위해 노인과 노인시설 종사자, 일반인 등을 대상으로 성교육·성상담을 강화해 나갈 계획이라고 한다.

이를 위해 인구보건복지협회를 통해 '황혼 미팅', 노인시설 종사자 등을 위한 '노인의 성 이해' 가이드북 제작, 황혼의 부부 문제 예방을 위한 '부부 교육', 노인 밀집 지역의 '순회 성교육·성상담'을 실시하고 있다. 아직은 미약하지만 '노인의 성'을 위한 더 많은 정책적·사회적 제도가 생겨나야 한다. 노인에 대한 관심이 제고되고, 노인의 성에 대한 그릇된 인식이 바로잡아지는 것은 사회의 건강과 국가의 발전을 위해서도 필요한 일이다. '외롭고 힘없는 노인'이 아닌, '열정적이고 건강한 노인'이 사회의 '어르신'으로서 제 역할을 할 때, 세대 갈등과 같은 한국 사회의 병폐도 사라지고, 한국인의 '삶의 질'도 높아질 것이다.

부록

예술작품 속의 '노인의 성'

1. 영화 '죽어도 좋아'

2002년에 만들어진 '죽어도 좋아'라는 영화는 70대 노인의 성을 정면으로 다룬 작품이다. 60~70대의 할아버지와 할머니가 성생활을 즐긴다는, 당시로서는 상상하기도 힘든 이야기를 담은 영화로서 사회적으로 큰 충격을 안겨 주었다. 지금도 많이 나아지지 않았지만, 대중은 노인이 남은 인생을 편안하게(일하지 않고, 간단한 소일거리로 하루하루를 보내는) 사는 것으로만 생각한다. 노인만의 삶, 더 나아가 노인의 성까지는 생각하기 어려운 시기였다.

'죽어도 좋아'는 그동안 쉬쉬 해온 노인의 성을 본격적으로 다룬 최초의 영화이다. 이 영화에서는 실제 부부인 박치규 할아버지(73)와 이순예 할머니(71)가 우연히 공원에서 만나 첫눈에 서로에게 반해서 냉수 한 그릇 놓고 부부가 된다. 이들은 "남은 인생이 별로 없으니 서두르자."라며 일사천리로 신방을 차린다. 그리고 이들은 신혼답게 뜨거운 밤을 보내기 시작한다. 영화 속에서 할아버지는 할머니와 사랑을 나눈 날을 달력에 볼펜으로 표시해 둔다.

영화는 주인공 부부의 실제 정사를 7분 동안 끊김 없이 보여줌으로써 관객들에게 큰 충격을 주며 논란을 일으켰다. 그러나 영화 속 정사는 추하다는 느낌을 주기보다, 70대 노인도 얼마든지 열정적인 사랑 행위를 할 수 있다는 메시지를 전해 주었다. 이 영화는 감독의 의도대로 '노인들의 순수한 사랑 이야기'를 담았으며, 육체적인 성관계가 젊은이들의 전유물이라는 생각이 큰 착각이라는 것을 알게 했다. 성생활을 지속하는 노인 남성은 자아 존중감이 높고, 노인 여성은 현실 만족도가 높다고 한다. 그래서 어떤 이는 이 영화의 제목이 '죽어도 좋아'가 아니라, '살 맛 나게 살고 싶다'가 더 좋을 것 같다고 말하기도 했다.

2. 소설 '내 슬픈 창녀들의 추억'

"아흔 살이 되는 날 나는 풋풋한 처녀와 함께하는 뜨거운 사랑의 밤을 나 자신에게 선사하고 싶었다."

노벨상 수상작가인 가르시아 마르케스가 2004년에 발표한 '내 슬픈 창녀들의 추억'은 젊은 여성에 대한 욕망에 사로잡힌 90세 노인의 심리를 그린 소설이다. 주인공은 '서글픈 언덕'이라는 별명으로 등장하는 노인으로, 평생 독신으로 살아온 신문기자이다. 그는 열두 살 때 사창가의 창녀 카스토리나로부터 사랑하는 법을 배운 뒤, 잠자리를 같이한 모든 여자에게 늘 돈을 주었다. 딱 한 번 결혼할 기회가 있었으나 결혼을 포기하고, 평생을 창녀와 관계를 가지며 살아왔다. 그렇게 아흔 살의 생일을 맞이하게 된 그는 '델가디나'라는 14살짜리 어린 소녀와 하룻밤을 보내고, 그 어린 소녀에게 생애 처음으로 사랑을 느끼게 된다.

소설 속의 80세 노인은 일평생 사창가의 난봉꾼으로 살아왔는데, 그는 정작 진정한 사랑을 두려워하는 인물이었다. 그런 노인이 열네 살의 소녀를 만나 진정한 사랑을 느끼는 것이 이 소설의 주요 내용이다. 도발적이고 파격적인 소재이지만, 작가는 이들의 사랑을 낭만적이고 아름답게 그려냈다. 이 소설은 노인으로서 겪는 신체적 노화와 사회적 소외, 그리고 죽음으로 이어지는 인생의 소멸 과정과 '사랑과 생기'를 잘 보여준다.

3. 영화 '시'

2010년에 개봉된 이창동 감독의 영화 '시'에서도 '노인의 성'이 소재로 사용되었다. 이 영화에 '노인의 성 욕구 해결' 모습이 등장한다. 영화의 주인공 미자는 66세의 여성 노인이다. 미자는 몸이 불편한 졸부인 강 노인을 돌보는 파출부로 일하며 외손자 하나와 근근이 살아가고 있다. 미자는 문화 강좌에서 시 수업을 들을 만큼 순수한 감성을 지닌 노인 여성이었으나, 문제아인 외손자가 강간 사건을 저지르면서 피해자에게 줄 합의금이 필요해졌다. 큰돈이 필요해진 미자는 강 노인을 찾아간다. 강 노인은 중풍으로 거동이 불편한데도 평소 미자에게 성접촉을 요구해 왔었다. 강 노인은 비아그라를 먹고 미자와 성관계를 갖고, 돈이 필요했던 미자는 강 노인에게서 성관계의 대가로 돈을 받는다. 여자로서, 노인으로서 사회적 약자인 미자가 돈을 위해 몸을 파는 모습은 관객의 마음을 울렸다.

4. 영화 '은교'

2010년에 발표된 박범신의 소설 '은교'가 2012년에 영화로 개봉되었다. 부와 명성을 모두 얻은 69세의 노시인이 17세 여고생 은교에게 성적인 사랑을 느낀다는 설정 자체가 파격적인 영

화였다. 더구나 이 노시인은 자기가 사랑하는 은교가 자신의 젊은 제자와 사랑에 빠지자, 질투에 눈이 멀어 애제자를 죽게 만든다. 노인 남성과 어린 여자아이, 그리고 젊은 남성이라는 삼각구도 속에서 노시인은 '힘없는 약자'가 아닌, 젊음과 사랑을 갈구하는 한 '인간'으로서 존재한다. 이 작품의 원작자 박범신은 한 인터뷰에서 "노인의 욕망은 범죄가 아니며 기형도 아니다. 노인의 사랑과 청년의 사랑은 평등하다는 것을 보여주고 싶었다."라며 창작 의도를 밝혔다.

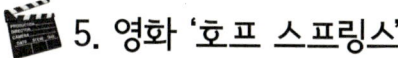# 5. 영화 '호프 스프링스'

'호프 스프링스(Hope Springs)'는 2013년에 개봉된 할리우드 영화이다. '미국 노인 성생활의 현주소'라는 말이 어울릴 정도로 노인 부부의 성을 솔직 대담하게 그렸다. 영화 속 주인공은 60

대 중반의 결혼 31년차 부부이다. 자식들은 모두 장성해 집을 떠나고, 노부부만 단 둘이 살고 있다. 겉으로는 여유롭고 행복한 부부이지만, 아내 케이에게는 남모를 고민이 있다. 그것은 이들 부부가 '섹스리스 부부'라는 것이다. 아내 케이는 늘 외롭다. 남편과 애틋한 사랑을 원하지만, 남편 아놀드는 성관계를 갖지 않으려 한다. 어느 날 케이는 『당신도 원하는 결혼 생활을 할 수 있다』라는 책을 읽게 되고, 이 책의 저자인 정신과 의사인 펠드 박사에게 부부 상담을 요청한다. 단 일주일만 상담을 받으면 신혼부부로 돌아갈 수 있다는 말에 케이는 기쁜 마음으로, 아놀드는 억지로 끌려가듯 상담에 참여하게 된다. 펠드 박사는 부부를 앉혀 놓고 두 사람의 성생활에 대해 적나라하게 질문한다.

"아놀드, 당신이 마지막 섹스를 한 적이 언제죠?"

그리고 펠드 박사는 본격적인 방법을 제시하기 시작했다.

"먼저 스킨십이 가장 중요해요."

그러나 안 하던 스킨십이 하루아침에 될 리가 없다. 심지어 펠드 박사는 극장에 가서 젊은이들처럼 구강성교도 시도해 보라고 권한다. 노부부는 의사가 시키는 대로 극장에 가서 '구강성교'를 시도하다가, 먹던 팝콘 봉투를 날리는 실수를 하고 울면서 극장을 뛰쳐나간다. 노인이 되어서도 사랑하고 싶은 아내와 새로울 것 없는 일상에 길들여진 남편. 이들이 새로운 사랑을 찾아가게 되는 과정을 코믹하게 그린 이 영화는 노부부도 신혼의 뜨거운 열정을 꽃피워 즐거운 노년을 보낼 수 있음을 보여준다. 그리고 노부부의 성생활 권태기 극복과 정서적 교감의 중요성도 보여준다.